TRAITÉ
D'ANALYSE GRAMMATICALE,

PRÉCÉDÉ

DE PLUSIEURS OBSERVATIONS

SUR

LES DIX PARTIES DU DISCOURS

ET

D'UNE DISCUSSION

SUR L'ANALYSE.

par

Pr CÉSAR JOUANNET,

BACHELIER ÈS-LETTRES, PROFESSEUR.

« Un art en général est une collection de règles pour
faire bien ce qui peut être fait bien ou mal. »

(LE BATTEUX).

PARIS,
Chez L. HACHETTE,
Libraire,
Rue Pierre-Sarrazin, 12.

BORDEAUX,
Chez CH. LAWALLE, Libraire,
Allées de Tourny, 69.
Chez CHAUMAS-GAYET,
Libraire,
Fossés du Chapeau-Rouge, 20.

1845.

TRAITÉ

D'ANALYSE

GRAMMATICALE.

BORDEAUX, IMP. DE SUWERINCK, RUE Sᵗᵉ-CATHERINE, 106.

TRAITÉ
D'ANALYSE GRAMMATICALE,

PRÉCÉDÉ

DE PLUSIEURS OBSERVATIONS

SUR

LES DIX PARTIES DU DISCOURS

ET

D'UNE DISCUSSION

SUR L'ANALYSE.

par

Prre CÉSAR JOUANNET,

BACHELIER ÈS-LETTRES, PROFESSEUR.

« Un art en général est une collection de règles pour
faire bien ce qui peut être fait bien ou mal. »

(LE BATTEUX).

PARIS,

Chez

LES PRINCIPAUX LIBRAIRES.

BORDEAUX,

Chez **CH. LAWALLE**, Libraire,
Allées de Tourny, 52.

Chez **CHAUMAS-GAYET**,
Libraire,
Fossés du Chapeau-Rouge, 34.

X

1843.

26731

Pour paraître incessamment :

TRAITÉ DE LA CONJUGAISON

DES

VERBES ESPAGNOLS,

PAR LE MÊME.

PRÉFACE.

L'ouvrage que nous offrons au public, diffère essentiellement de tous ceux qui ont paru sur la même matière. Nous ne voulons pas entrer ici dans les détails nombreux qui constituent cette différence : nous serions obligé de toucher du doigt les contradictions, les erreurs qui fourmillent dans de prétendus modèles d'Analyse. Sans provoquer la discussion, nous sommes loin de la fuir. N'est-il pas temps d'en finir avec les routiniers, avec tous ceux enfin qui ne parlent que par la bouche des autres?

Nous nous adressons aux personnes de bonne foi, aux professeurs de mérite, aux instituteurs intelligents et impartiaux; nous leur disons : « *Lisez, comparez* et *jugez.* »

Inf.	Infinitif.
inter.	interjection.
irr.	irrégulier.
let. euph.	lettre euphonique.
loc. adv.	locution adverbiale.
loc. prép.	locution prépositive.
loc. conj	locution conjonctive.
lie 2 prop.	lie deux propositions
mod.	modifie.
mot euph.	mot euphonique.
pro. 1. pers.	pronom première personne.
pro. 2. pers.	pronom deuxième personne.
pro. 3. pers.	pronom troisième personne.
pro. rel.	pronom relatif.
part. prés.	participe présent.
part. pas	participe passé.
pas. ind	passé indéfini.
pas. ant.	passé antérieur.
pas. déf.	passé défini.
prés.	présent.
1re p. f. pl.	première personne féminin pluriel.
2e p. f. pl.	deuxième personne féminin pluriel.
3e p. m. s.	troisième personne masculin singulier.
prép.	préposition.
prop.	proposition.
qual.	qualifie.
rég.	régime.
rég. dir.	régime direct.
rég. ind.	régime indirect.
régr.	régulier.
Subj.	Subjonctif.
Subj. p. q. p.	Subjonctif plus-que-parfait.
suj.	sujet.
sous-ent.	sous-entendu.
subs. com	substantif commun
subs. pro.	substantif propre.
subs. com. comp.	substantif commun composé.

subs. pro. comp............	substantif propre composé.
subs. pris adj ....,.....	substantif pris adjectivement.
t. s. p........................	temps simple primitif.
t s. d	temps simple dérivé.
t. c............................	temps composé.
ver............................	verbe.
ver. subs....................	verbe substantif.
ver. aux.....................	verbe auxiliaire.
ver. act.....................	verbe actif.
ver. pas.....................	verbe passif.
ver. n........................	verbe neutre.
ver. act. pris n............	verbe actif pris neutralement.
ver. n. pris act............	verbe neutre pris activement.
ver. act. acc. pron.	verbe actif accidentellement pronominal.
ver. n. acc. pron.........	verbe neutre accidentellemeut pronomi-nal.
ver. pron. impl...........	verbe pronominal impersonnel.
ver. impl....................	verbe impersonnel.
ver. pron. pas.............	verbe pronominal passif.
ver. ess. pron. act.......	verbe essentiellement pronominal actif.
ver. ess. pron. n..........	verbe essentiellement pronominal neutre.

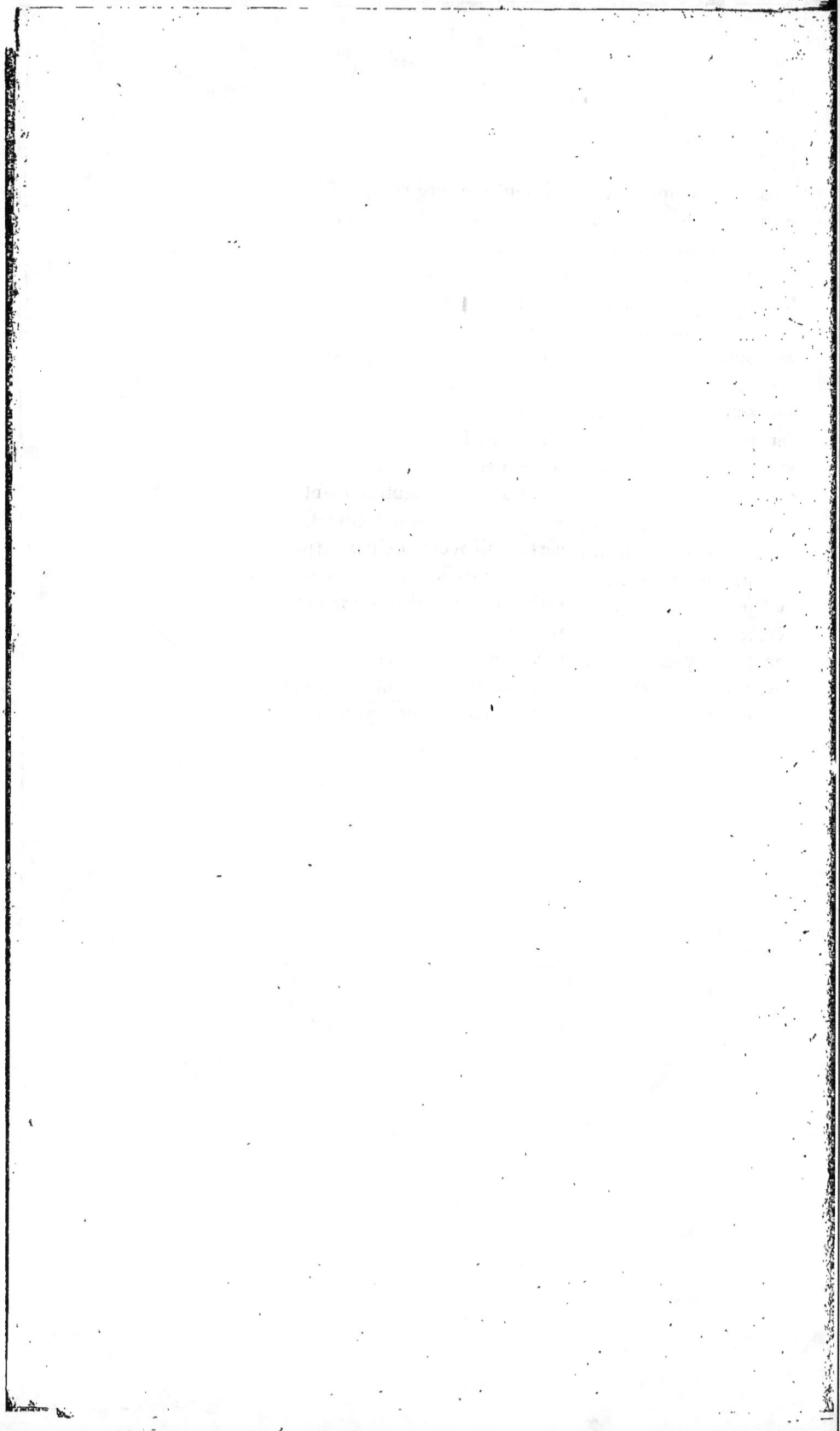

INTRODUCTION.

L'analyse grammaticale d'une phrase consiste dans la *décomposition* complète de cette phrase en toutes ses parties qui sont les mots dont elle est formée, pourvu que cette *décomposition* explique la nature, l'espèce, la fonction, les accidents ou diverses modifications de chaque mot.

Il résulte de cette définition qu'un mot quelconque sera *bien analysé grammaticalement*, s'il est impossible de rien ajouter ou de rien ôter à l'analyse de ce mot, c'est-à-dire s'il apparaît avec toutes ses formes, avec ses divers caractères, avec son emploi réel.

Au contraire, l'analyse d'un mot sera *incomplète*, quand elle ne comprendra pas toutes les propriétés, toutes les inflexions de ce mot, c.-à-d. que la présence de ce mot dans la phrase n'aura pas été clairement développée dans tous ses détails.

L'analyse d'un mot est *fausse*, quand on assigne à ce mot un caractère, une forme qui ne lui appartient pas, ou que le rôle qu'il remplit réellement n'est pas celui qu'on lui attribue.

L'analyse d'un mot sera *incomplète* et *fausse*, si elle présente à la fois une omission et une erreur.

Pour *bien analyser grammaticalement*, l'élève doit connaître parfaitement la conjugaison de tous les verbes, la formation des temps, les principes généraux de la Lexicologie, les règles particulières de la Syntaxe.

Réciproquement, l'analyse grammaticale facilite beaucoup l'étude de la grammaire, sert à l'intelligence de certaines constructions qui, toutes contraires qu'elles sont à l'ordre grammatical, sont généralement admises ; les unes, parce qu'elles présentent quelque finesse, quelque singularité qui relève la pensée et le langage ; les autres, parce qu'elles prêtent à la phrase plus d'énergie, plus de rapidité.

Ainsi, dans une phrase, tous les mots, quels qu'ils soient, en subissant l'analyse, sont *réels*, c.-à-d. nécessaires à l'expression de la pensée ; ou bien quelques-uns sont *nuls, accidentels*, c.-à-d. employés par euphonie, par élégance, par gallicisme.

Quelques Grammairiens et des professeurs prétendent que la langue française contient une infinité de constructions, de mots qui échappent à la rigueur de l'analyse. C'est une erreur grave. Ils devraient dire que ces locutions, ces mots *semblent échapper* à l'analyse, mais qu'ils n'y échappent point réellement. Je le prouve : Dès que l'analyse nous aura montré qu'un de ces mots, quel qu'il soit, ne remplit dans la proposition où il se trouve, aucune des fonctions qui lui sont propres d'ordinaire, qu'il ne jouit d'aucune propriété, qu'il ne se présente sous aucune forme nécessaire, nous disons qu'il est nul, qu'il est euphonique ; mais nous ne pouvons pas avancer une absurdité, pour éviter une difficulté.

En effet, l'analyse saisit, pour ainsi dire, ces mots, ces locutions, les étreint de telle sorte qu'ils expriment quelque chose ou rien du tout. Ils n'échappent donc jamais à l'analyse.

A l'appui de notre assertion, nous allons analyser les deux phrases suivantes :

1re — « *C'*est un grand écrivain *que* J.-J. Rousseau. »

2e — « Votre mère a-t-*elle* écrit au ministre ? »

Dans la première, le mot *ce* est-il pronom démonstratif? et, s'il est pronom démonstratif, est-il sujet? A ces deux questions, je réponds négativement. — Est-il pronom personnel? — Non, car il ne peut se remplacer par le mot *il.* Donc *ce* n'est rien dans cette phrase.

Le mot *est* est vraiment ici le verbe substantif, puisque ce mot exprime l'existence, l'affirmation;

Un grand écrivain, ces mots sont évidemment un qualificatif du subst. *Rousseau;* donc le mot *Rousseau* est le *sujet* de *est.* — Or, il reste le mot *que.* Sera-t-il pronom relatif? sera-t-il conjonction? Mais, dans ces deux cas, il faudrait une seconde proposition, laquelle se lierait à la première par ce mot *que*. Ainsi le mot *que* et le mot *ce* forment dans cette phrase un gallicisme. Ils sont donc *nuls* tous deux pour la traduction complète de la pensée.

L'analyse réduit conséquemment cette phrase à celle-ci : *J-.J. Rousseau est un grand écrivain.*

Dans la 2e phrase : *Votre mère a-t-elle écrit au ministre ?* L'analyse prouve que *elle* n'est pas *pronom* sujet, puisque *mère* est le sujet de a *écrit.* — Mais, si *elle* n'est pas sujet, voyons si ce mot n'est pas régime. — Il ne l'est pas. Donc il est nul ou euphonique.

Les deux phrases que nous venons d'analyser prouvent la vérité de cette proposition : *aucun mot n'échappe à l'analyse.* Nous pourrions analyser plusieurs autres phrases, qui toutes fourniraient de nouvelles preuves de la même vérité. Mais, avant de pousser plus loin notre examen sur cette matière, nous croyons qu'il est indispensable d'entrer dans quelques détails sur chacune des dix parties du discours, de bien préciser les diverses fonctions d'un même mot, d'indiquer certains mots qui, sans changer d'orthographe, sont rangés sous diverses parties du discours, de déterminer enfin la nature et la signification des verbes.

TRAITÉ

D'ANALYSE GRAMMATICALE.

---◄❁►---

CHAPITRE PREMIER.

DU SUBSTANTIF.

Le *Substantif* ou *nom* désigne un être ou une chose quelconque.

Le Substantif *propre* représente un être particulier, une chose particulière.

Le Substantif *commun* désigne tous les individus ou tous les objets de la même espèce. — Parmi les Substantifs communs, il faut distinguer les *collectifs*. — Un Substantif commun *collectif* est celui qui, quoique du nombre singulier, représente plusieurs personnes ou plusieurs choses. — Il y a deux sortes de collectifs : les coll. *généraux* et les coll. *partitifs*.

On appelle *substantif composé* deux ou plusieurs mots qui sont joints par le trait d'union, et ne désignent qu'un seul être, à moins que le Substantif composé ne soit *collectif*.

Un Substantif quelconque peut remplir trois rôles différents : il est *sujet*, ou *régime*, ou il est *mis en apostrophe*.

Exemple : 1° « PIERRE *est estimable ;* 2° *Nous avons vu* PIERRE, ou, *tu parles de* PIERRE ; 3° PIERRE, *fais tes devoirs.* »

Au chapitre du verbe, nous indiquerons le moyen de connaître quand un *Substantif* ou un *pronom* est sujet, quand il est rég. dir. et rég. ind.

Par le 3ᵉ ex., « PIERRE, *fais tes devoirs,* » il est clair qu'on parle à *Pierre ;* eh bien ! ce mot est dit en *apostrophe.*

REMARQUE. — Les collectifs partitifs suivants : *une foule, une troupe, une multitude, la plupart, une infinité, un grand nombre, une dixaine, une douzaine, une vingtaine,* etc., suivis d'un Substantif pluriel, ne sont ni suj. ni rég. dir., ni rég. ind. du verbe qui les suit ou qui les précède. Les adverbes *peu, beaucoup, assez, combien,* etc., considérés comme coll. part. subissent la même exception. — Nous le prouverons dans *la Discussion de l'Analyse.*

CHAPITRE II.

DE L'ARTICLE.

L'Article est un mot qui précède les substantifs communs, pour annoncer qu'ils sont employés dans un sens déterminé, c.-à.-d. que ces substantifs sont connus, que la signification en est fixée ou restreinte par les mots qui les suivent.

On dit communément, dans l'analyse grammaticale, que l'Article détermine le substantif, mais ce n'est que par abréviation.

Toutefois, dans ces propositions : 1° *L'homme est faible ;* 2° *Les hommes sont mortels ; 3° les animaux sont privés de la raison,* nous disons que l'Article détermine par lui-même les Substantifs *hommes, animaux.* En effet, on désigne ici tous les hommes, tous les animaux ; donc ces substantifs ont une signification déterminée, et c'est l'Article qui opère cette détermination.

Une dame me prie de lui acheter un livre. Je m'acquitte de cette commission, je reviens auprés de cette dame, et je lui dis : « *voici* LE *livre, ou, j'ai acheté* LE *livre.* » Elle me comprend parfaitement. Le mot *livre* est donc déterminé par l'Article *le :* car *le* équivaut ici à *ce ;* il exprime les mots sous-entendus : *que vous m'avez chargé d'acheter.*

Ces deux cas exceptés, l'Article annonce simplement la détermination du substantif.

Articles simples : LE, LA, LES ;

Articles composés : DU, AU, DES, AUX *(de la, à la).*

Du, de la, des, sont Articles composés, lorsqu'ils sont entre deux Substantifs, ou que la préposition qui est dans ces articles, forme, avec le substantif suivant, le rég. ind. d'un verbe ou d'un adjectif.

Ex. : « La lettre *du* ministre est longue. »

« La bravoure *des* soldats français est connue dans le monde entier. »

« Les généraux *de la* république sont à jamais célèbres. »

« Nous sommes satisfaits *du* gouverneur. »

« La province est délivrée *de la* peste. »

« Le général N....... a sauvé l'armée *des* plus grands » dangers. »

CHAPITRE III.

DE L'ADJECTIF.

L'Adjectif est un mot qui *qualifie, détermine*, ou *modifie* un substantif. Il y a donc trois espèces d'Adjectifs : les *qualificatifs*, les *déterminatifs*, et les *modificatifs* ou *indéfinis*. (Les Grammairiens rangent à tort ces derniers parmi les *déterminatifs*).

Un Adjectif *qualificatif* peut être précédé d'un des adverbes *plus, moins, trop, assez, aussi,* etc. ; tel est le moyen de le connaître. — Un adjectif *déterminatif* ajoute au substantif une idée *précise*, une idée qui en diminue l'étendue, qui le fait distinguer de tout autre substantif de la même espèce. Les adjectifs déterminatifs ne sont susceptibles ni de *plus* ni de *moins*.

Les adjectifs *indéfinis* n'ajoutant aux substantifs qu'ils accompagnent, qu'une idée vague, incomplète, ne peuvent être appelés *déterminatifs* ; aussi les désignons-nous sous le nom de *modificatifs,* c.-à-d. que ces adj. modifient vaguement le substantif : car entre *modifier* et *déterminer* il existe une très-grande différence.

Les Adjectifs déterminatifs comprennent : 1º les *Adj. numéraux cardinaux* ; 2º les *numéraux ordinaux* ; 3º les *adj. démonstratifs* ; 4º les *adj. possessifs.*

L'Adjectif qualificatif est employé comme *substantif,* s'il n'est précédé ni suivi d'aucun subst. Ex. : « Les *lâches* sont méprisés. — Les *coquettes* et les *prudes* sont ridiculisées par Molière. — Les *paresseux* ne sortiront pas. — Les *savants* de l'Institut ont fait un rappport sur ce mémoire. »

Lâches, coquettes, prudes, paresseux, savants, sont ici substantifs communs, parce qu'ils représentent des êtres.

Un substantif commun devient *adj. qualificatif,* quand il exprime une qualité plutôt qu'un individu. Ex. : « Cicéron a été *consul, avocat.* — Ma sœur est *mère.* — Napoléon a été *empereur.* — Votre père est *médecin.* — De Lalande était *astronome.* »

Consul, avocat, mère, empereur, médecin, astronome, sont devenus adjectifs, attendu que ces mots ne désignent plus des êtres.

Les subst. propres sont quelquefois aussi [adj. qual. Ex. : « Cet auteur n'est pas un *Virgile;* — c'est un *Pradon.* — Ce général n'est pas un *Napoléon.* »

Tel, adj. ind., est *adj. qual.* lorsqu'il signifie *si grand.*

Ex. : « Cet orateur a déployé un talent *tel* que ses adversaires n'ont pu lui répliquer.

Quel, adj. ind., est qual. s'il équivaut à *quel grand*, à *quel petit*.

Du, de la, des, de, sont *adj. ind.* quand ils équivalent à *plusieurs, quelques, une certaine quantité* ; alors ils modifient le subst. qui les suit. Ex. : « Prenez *du* pain. — Mangez *de la* soupe. — Cet homme a *des* enfants ; il n'a pas *d*'amis. »

CHAPITRE IV.

DU PRONOM.

Le *Pronom* est un mot qui tient la place du substantif afin d'en éviter la répétition. — Il y a cinq sortes de pronoms : les *personnels*, les *possessifs*, les *démonstratifs*, les *relatifs* et les *indéfinis*.

FONCTIONS DES PRONOMS.

1° PRONOMS TOUJOURS SUJETS.

Je, tu, il, ils, on, quoi, qui (relatif) (le verbe étant exprimé).

2° PRONOMS TOUJOURS RÉGIMES.

Me, te, se, le, la, les, que (relatif), *leur, dont, en, y, où* (relat. et ind.), *lui* (le verbe étant exprimé).

3° PRONOMS TANTÔT SUJETS ET TANTÔT RÉG. DIR.

Moi, toi, lui, elle, eux, elles, nous, vous (le verbe n'étant pas exprimé), c.-à-d. quand ces pronoms expriment toute une proposition. — *Que* (ind.), *celui, celle, ceux, celles, ce, le mien, le tien, le sien, le nôtre, le vôtre, le leur* (le verbe étant exprimé). — *Quelqu'un, rien, tout, personne, aucun, nul, plusieurs, aucuns (quelques-uns), qui* (ind.) (le verbe exprimé ou non).

4° PRONOMS TANTÔT SUJETS, TANTÔT RÉG. DIR. , ET RÉG. IND.

Nous, vous (le verbe étant exprimé).

5° PRONOMS TOUJ. RÉG. DIR.

Le, la, les, que, (rela.) (le verbe exprimé).

(*Que* est quelquefois rég. d'une prép. sous-ent.).

6° PRONOMS TOUJ. RÉG. IND.

Lui, leur, dont, en, y, ou (avec un verbe exprimé).

(*Dont, en, y, ou*, de tout genre et de tout nombre).

7° PRONOMS RÉGIMES TANTÔT DIRECTS, TANTÔT IND.

Me, te, se, nous, vous, se (le verbe exprimé).

(Rég. dir. quand ils se changent par *moi, toi, lui, elle, nous vous, eux, elles,* après le verbe ; reg. ind. s'ils se remplacent par les mêmes mots, précédés de *à*).

8° *Quiconque* est à la fois : 1° sujet de deux verbes. Ex. : « *Quiconque* le fera, sera puni. » —2° Rég. dir. d'un verbe qui le précède, et sujet du verbe qui le suit. Ex. : « Nous poursuivrons devant les tribunaux *quiconque* calomniera notre maison. »

3° (Mais rarement) rég. dir. de deux verbes entre lesquels il est placé. Ex. : « Nous récompenserons *quiconque* vous aurez trouvé digne d'un prix. »

La raison de cette double fonction, dans le même moment, c'est que, dans les deux premiers cas, *quiconque* équivaut à *celui qui*, et, dans le troisième, il est mis pour *celui que*.

Ce est pronom *démonstratif* ou pronom *personnel* : pro. dém. quand il signifie *cela, la chose;* alors il est masc. sing. ; il est encore *pro. dém.* s'il se tourne par *celui, celle, ceux, celles,* il est alors *attribut;* — pro. *personnel* lorsqu'il se change par *il, elle, ils, elles, lui, eux.* Dans ces deux derniers cas, il est de tout genre et de tout nombre ; mais, *pro. pers.,* il est toujours sujet.

Ce adj. dém. précède un Substantif. *Ce* est euphonique s'il n'est ni pro. dém. ni pro. pers. ni adj. dém.

Que.

1° Ce mot est *conjonction,* quand il ne peut se tourner par aucun autre mot, la conj. *pourquoi* exceptée. Ex. : « Tu crois *que* je parle. — *Que* tardez-vous ? »

2° Il est pro. rel. quand il se remplace par *lequel, laquelle, lesquels, lesquelles.* (Rég. dir. d'un verbe, ou rég. d'une préposition sous-ent.)

3° Pro. ind. s'il équivaut à *quoi, quelle chose* (toujours masc. sing. *suj.,* ou *rég. dir*).

4° *Que* est *adverbe de quantité,* lorsqu'il signifie *comme,*

combien. Il est encore, sous ce rapport, *conjonction,* puisqu'il lie deux propositions.

5° Enfin nous l'appelons *euphonique,* toutes les fois que
l'analyse ne lui assigne aucune des quatre fonctions précédentes.

Qui, relatif ou indéfini.

1° Il est *pro. rel.* s'il se change par *lequel, laquelle, lesquels, lesquelles* (de tout genre et de tout nombre, et toujours suj. du verbe qui suit).

2° *Pro. ind.* quand il est mis pour *qui est-ce qui ?* ou
pour *quel est celui que ?* Sujet dans le 1er cas , rég. dir.
dans le 2e ; toujours masc. sing.

3° *Euphonique,* s'il n'est ni *rel.* ni *ind.*

Où, pro. rel. ou ind.

Les Grammairiens rangent ce mot parmi les adverbes.
Un raisonnement très-simple va prouver que c'est une
erreur, et que ce mot, avec l'accent grave, est toujours
pronom.

Examinons les deux phrases suivantes :

1re « La chambre *où* je couche, est froide ; »

2e « La chambre *dont* je parle, est froide. » Que signifie le mot *où* dans la première ? — Je réponds : *dans laquelle.*
Et le mot *dont,* dans la seconde, pour quels mots est-il placé ?—pour *de laquelle.* Or, tous les grammairiens regardent
ce *dont* comme rég. ind. du verbe ou de l'adjectif qui le suit.
Donc, si le mot *dont* est pro. rel. composé, et rég. ind,

le mot *où* équivalant à *dans laquelle*, est aussi *pro. rel.* composé et rég. ind. de l'adj. ou du verbe qui vient après lui : car on n'a jamais prétendu soutenir que, pour qu'un mot fût rég. ind., il devait dépendre de telle préposition plutôt que de telle autre ; ici, par ex., de la préposition *de* plutôt que de la prép. *dans*.

Où vas-tu ? Ici *où* est pronom indéfini. En effet, il tient la place de *dans quel lieu*. Or, le subst. *lieu* est indéterminé, et c'est l'adj. *quel* qui l'annonce ; de plus, ces mots *quel lieu*, précédés de *dans*, forment un rég. ind. ; et, puisque *où* se substitue littéralement à ces trois mots, je l'analyserai Pro. ind. m. s. rég. ind. de *vas*. Autre preuve que *où* est nécessairement pronom dans cette dernière phrase et dans les semblables, exprimez la proposition sous-entendue, vous aurez : « Dis-moi le lieu *où* (dans lequel) tu vas. »

D'où et *où*, pro. rel., sont des deux genres et des deux nombres ; *d'où* et *où*, pro. ind., *sont toujours masc. sing.*

En, y, pro. per. ou dém.

1° *En*, personnel, signifie : *de lui, d'elle, deux, d'elles.*
   En, démonst. se tourne par : *de cela, de ces objets-là, de cet endroit-là.*

2° *Y*, personnel, signifie : *à lui, à elle, à eux, à elles.*
   Y, démonst : *à cela, à cette chose-là, à ces choses-là, à cet endroit-là.*

Ils sont alors de tout genre et de tout nombre, et rég. ind.

1re REMARQUE. — *En*, se change souvent par *cela, ceux-ci, quelques-uns, une certaine quantité ;* il est, dans ce cas, ou sujet ou rég. dir., pro. pers. dém. ou ind.

2e REMARQUE. — *En* est prép. devant un subst. et un participe présent.

3e REMARQUE.— *D'où* est pro. dém. s'il équivaut à *de cela*.

         Le   id.   id.   à *cela.*

En, y, sont euphoniques, lorsqu'ils ne sont employés avec aucune des significations ci-dessus.

Il, avec un verbe impers. ou pris impl., est *nul.*

Ne dites donc pas : *il,* — pro. 3e p. m. s., etc.

Mettez :   *il,* — euph.

OBSERVATION. — *Rien, tout,* sont appelés dans les dictionnaires, *subs. com. m. s.;* ces deux mots nous paraissent mieux classés parmi les pronoms indéfinis. — En effet, *rien,* soit négatif, soit positif, contient un adj. *ind.* et le subs. *chose.* — Il en est de même de *tout,* qui équivaut à *toute chose.* Cependant *rien,* au pluriel, est toujours subs. Ex : *Vous dites des riens.* — *Il s'amuse à des riens.* »

CHAPITRE V.

DU VERBE.

Le *Verbe* est un mot qui exprime une action ou un état quelconque. Sans Verbe, point de proposition.

Le sujet du Verbe est la personne ou la chose qui fait

ou reçoit l'action marquée par ce Verbe. — Faites avant le Verbe, la question *qui est-ce qui?* la réponse sera le *sujet*.

Les Verbes ont deux régimes : *le rég. direct* et le *rég. indirect*.

On appelle *rég. direct* d'un Verbe tout mot sur lequel tombe directement l'action de ce verbe. Ex. : « Les Grecs cultivaient les *beaux-arts*. » Placez après le Verbe la question *qui* ou *quoi?* la réponse à cette question sera le rég. direct.

Au contraire, le *rég. indirect* d'un Verbe ou d'un adjectif est exprimé par un pronom composé, c.-à-d. par un pronom dans lequel entrent une préposition et un pronom simple ; mais la préposition ne paraît que par la décomposition.

Des Grammairiens appellent encore *rég. ind.* tout substantif ou pronom précédé d'une préposition. Dans cet ex. : « Les bons princes obéissent *aux lois, à la loi,* » on analyse ordinairement *aux lois, à la loi*, rég. ind. de *obéissent*, au lieu que nous analysons, *lois*, rég. de *à* dans *aux* ; *loi* rég. de *à*. C'est au reste presque la même idée, rendue en des termes un peu différents ; termes dont on voit mieux la liaison dans notre analyse.

Le rég. indirect se connaît en faisant, après le Verbe, une des questions : *de qui? de quoi? à qui? à quoi? pour qui? pour quoi?* etc. Ex. : « Le consul d'Espagne *nous* communiquera ce soir un décret de son gouvernement. » Il com-

muniquera, *à qui ?* — Rép. : *à nous ;* donc *nous* est rég.
ind. de *communiquera*. — Dans la proposition qui suit :
« Ces messieurs doivent écrire au préfet, au ministre, »
des Grammairiens analysent *préfet, ministre,* rég. ind. de
écrire. *C'est faux ;* on doit analyser : *préfet, ministre,*
rég. de la prép. *à ;* ou, *au préfet, au ministre,* rég. ind. de
écrire ; car un substantif seul ne peut être que sujet, ou
rég. dir., ou en apostrophe. — Nous éclaircirons ces principes par plusieurs exemples, quand nous en serons aux
divers exercices d'analyse.

Des espèces différentes de Verbes.

1°. Le Verbe *substantif ;* 2°. Les Verbes *actifs ;* 3°. Les
Verbes *passifs ;* 4°. Les Verbes *neutres ;* 5°. Les Verbes
pronominaux ; 6°. Les Verbes *impersonnels*.

1°. Le Verbe *substantif* est le Verbe *être*. Quelquefois le
Verbe *avoir* peut-être considéré comme Verbe *substantif.*
Dans ce cas, ils ne sont qualifiés ni modifiés par aucun
adverbe, ni ne peuvent avoir de régime. — Ces deux Verbes *avoir, être,* sont dits *auxiliaires* quand ils aident à conjuguer les autres Verbes. *Avoir* est quelquefois *actif* et
impersonnel.

2°. Le Verbe *actif* marque une action faite par le sujet ;
il a toujours un rég. dir. ; si ce régime n'existe pas, le
Verbe est pris *neutralement*.

3°. Le Verbe *passif* exprime une action reçue par le

sujet ; il n'a que des rég. ind. — Les Verbes *actifs* seuls peuvent se conjuguer passivement.

4°. Le Verbe *neutre*, comme l'actif, exprime l'action faite par le sujet, mais il n'a pas de rég. dir. — S'il a un régime de cette nature, ce Verbe est pris *activement*.

5°. Le Verbe *pronominal* est celui qui se conjugue avec deux pronoms de la même personne dans tous ses temps; mais à l'impératif, comme dans les autres Verbes, le sujet est sous-entendu.

Cette définition du Verbe pronominal ne parle que de la manière de le conjuguer ; elle n'explique rien sur *le sujet*, rien sur *la signification* de ce Verbe.

Toutes les Grammaires divisent les Verbes pronominaux en Verbes *essentiellement* pronominaux et en Verbes *accidentellement* pronominaux. Là encore nous trouvons un vide sur la fonction du sujet et sur la signification du Verbe. Tâchons de remplir ce vide :

1°. Un Verbe *pronominal* est-il primitivement *actif* ou *neutre* ; alors nous l'analysons : *Verbe actif* accidentellement *pronominal,* ou verbe *neutre* accidentellement *pronominal.*

2°. Un Verbe *pronominal* n'est-il primitivement ni *actif* ni *neutre* ; alors nous l'analysons : *Verbe essentiellement pronominal actif,* si le second pronom est rég. dir.; ou *Verbe essentiellement pronominal neutre,* si le second pronom est rég. ind. sans aucun rég. dir. exprimé.

3°. Si le Verbe *pronominal* exprime une action que le

sujet souffre, reçoit, au lieu de la faire, nous l'appelons *pronominal passif,* c.-à-d.Verbe conjugué *pronominalement,* mais avec signifiacation *passive.* Ce Verbe ne peut s'employer, dans tous les temps, qu'à la troisième pers. sing. et à la troisième pers. plur.

1° EXEMPLES DE VERBES ACTIFS OU NEUTRES ACCIDENTELLEMENT PRONOMINAUX.

1° L'adulateur *se trompe* souvent en trompant les autres.

2° Nous *nous promenons* long-temps au jardin.

3° Plusieurs monarques *se sont succédé* sur le trône de France, depuis le commencement de ce siècle.

4° Elles *se plairont* ici ; elles *se sont plu* ici.

2° EXEMPLES DE VERBES ESSENTIELLEMENT PRONOMINAUX ACTIFS OU NEUTRES.

1° Nos troupes *s'empareront* de cette province.

2° Les courtisans *se sont enorgueillis* de leurs succès.

3° Ils *s'arrogent* des droits sur mon bien,

4° Vous *vous repentirez* de cette conduite.

5° *Souvenons-nous* des bienfaits.

3° EXEMPLES DE VERBES PRONOMINAUX PASSIFS.

1° Le blé *se vend* cher.

2° Les sucres *se sont tenus* à un prix élevé.

3° Ces maisons *se loueront* bien ; elles *se sont* bien *louées,*

4° Une baisse *s'est opérée* dans le prix des cotons.

5° La hausse *s'est faite* sur les fonds publics.

6° Les fonds portugais *se donnent* pour rien.

Dans l'analyse grammaticale des temps composés d'un Verbe actif ou neutre accident. pronominal, il faut remplacer les *temps simples* de l'auxiliaire *être,* par les temps correspondants de l'auxiliaire *avoir*.

Dans un Verbe *pronominal passif*, vous remplacerez tous les temps *simples* ou *composés* par les temps correspondants du Verbe *passif*.

EXEMPLES POUR LES VERBES ACTIFS OU NEUTRES ACCIDENTELLEMENT PRONOMINAUX :

1° Vous vous *êtes* trompés, mettez : vous vous *avez* trompés.

2° Elles se *seraient* adressées à moi, si... ; mettez : elles se *auraient* adressées à moi, si... — De même pour tous les temps composés.

EXEMPLES POUR LES VERBES PRONOMINAUX PASSIFS.

1° Les chevaux *se sont vendus* cher.

2° Cette maison *se loue* bien.

3° Ces cotons *se livreront* demain.

Analysez ainsi : Les chevaux *ont été vendus* ; cette maison *est louée* ; ces cotons *seront livrés*.

La raison de ce changement, c'est que ni les chevaux ni la maison, ni les cotons ne font l'action de *vendre*, de *louer*, de *livrer*.

Les Grammairiens admettent encore des Verbes *pronominaux impersonnels*. Mais, dans l'analyse, presque tous ces Verbes perdent la forme *impersonnelle*.

Ex. : 1º Il *s'est fait* de grandes affaires à la bourse.

2º Il *s'exporte* annuellement de France des tissus de toute nature pour plusieurs millions de francs.

3º Il *s'opérera* des changements dans l'armée,

L'analyse dit : 1º de grandes affaires *se sont faites (ont été faites)*, etc.

2º Des tissus, etc., *s'exporteut (sont exportés)*.

3º Des changements *s'opéreront (seront opérés)*.

En effet, on ne peut faire *il* sujet ; *de* n'est pas préposition, puisqu'il équivaut à *des, quelques ;* donc, le changement que nous indiquons est absolument le seul qui satisfasse l'esprit ; donc ces Verbes sont *pronominaux passifs* dans l'analyse.

Néanmoins dans les phrases suivantes :

1º *Il s'agit* de cela ; 2º *Il s'en faut* de beaucoup *que,* etc. 3º Peu *s'en est fallu* que ; etc. L'analyse considère les Verbes *s'agit, s'en faut,* etc., comme pronominaux impersonnels.

Le Verbe *avoir,* précédé du mot euphonique *y,* est *impersonnel : Il y a ; il y aura ; il y avait,* etc.

Pourtant, si nous examinons cette phrase-ci :

« Il y a des *enfants* indociles dans cette classe. » Nous sommes forcés de faire le mot enfants *sujet* de *a,* ou *se trouvent.* Et, dans celle-ci : « *Il y a eu* cette semaine plusieurs naufrages sur les côtes de France. » Le mot *naufrages* est le sujet de *il y a eu,* ou de *sont arrivés.* Ce qui prouve que l'analyse fait presque toujours disparaître la forme impersonnelle dans les Verbes qu'on dit *imper-sonnels*, ou employés comme *tels*.

Soient analysés les cinq exemples suivants : « Il *est entré* aujourd'hui *quatre régiments* dans nos murs. — Il *sortira* demain de notre port *plusieurs navires* pour aller à la pêche de la morue. — Il *arrive* chaque jour beaucoup de *prisonniers allemands*. — Il *y avait cinquante députés* aux obsèques de ce grand comédien. — Il *existe deux villes* qui portent ce nom.

Tous les sujets sont du *pluriel*, les Verbes doivent être au pluriel ; ces Verbes se changeront ainsi : 1º *sont entrés* ; 2º *sortiront* ; 3º *arrivent* ; 4º *se trouvaient* ou *étaient* ; 5º *existent*.

Le mot *il* est nul.

Un Verbe est *défectif* lorsqu'il manque de certains temps ou de quelques personnes.

Un Verbe est *plein* ou *complet* s'il a tous ses temps, au nombre de *vingt* : huit dans le mode *Indicatif* ; trois dans le mode *Conditionnel* ; un seul à l'*Impératif* ; quatre dans le *Subjonctif* ; quatre dans le mode *Infinitif*.

Ces temps sont *simples* ou *composés* : les temps *simples* n'ont qu'un *mot* ; les temps *composés* en ont au moins *deux*, savoir : *l'un des auxiliaires* et le *participe passé* du Verbe que l'on conjugue.

Les temps simples sont ou *primitifs* ou *dérivés* : *primitifs*, s'ils forment les autres temps soit simples, soit composés ; *dérivés*, lorsqu'ils se forment des primitifs par un changement de terminaison dans ceux-ci. Dans les *Verbes passifs*, tous les temps sont *composés*.

Un verbe quelconque est *régulier* ou *irrégulier* : *régulier* quand il conserve dans tous les temps ses lettres *radicales* du présent de l'Infinitif, et qu'après ces lettres il prend les diverses terminaisons du verbe qui lui sert de *modèle* ; — *irrégulier*, si l'une ou l'autre de ces deux conditions manque ; et, à plus forte raison, si les deux manquent à la fois,

Être, avoir et tous les autres Verbes de la 3ᵉ conj., sont irréguliers.

Remarque. — Le Verbe *pouvoir* n'a pas d'Impératif.

Le sujet d'un Verbe à l'Impératif est toujours sous-entendu : c'est l'un des pronoms, *tu* ou *toi, nous, vous.*

Pour analyser un Verbe, nous suivrons l'ordre suivant : 1º indiquer la nature, 2º la classe, 3º la régularité ou l'irrégularité de ce Verbe, 4º s'il est défectif ou plein, 5º le mode, 6º le temps, 7º le nombre, la personne, et le genre s'il y a lieu, 8º la nature du temps.

EXEMPLES :

Accueillerait, — ver. act. 2. c. irr. Cond. pré. 3. p. s. t. s. d.
Sera morte, — ver. n. 2. c. irr. Ind. fut. abs. 3. p. s. f. t. c.

CHAPITRE VI.

DE L'ADVERBE, DE LA PRÉPOSITION, DE LA CONJONCTION ET DE L'INTERJECTION.

§ Ier — DE L'ADVERBE.

L'Adverbe est un mot *invariable* qui *qualifie, détermine* ou *modifie* un *verbe,* un *adjectif,* ou un *autre Adverbe.*

En partant de cette définition, il est évident que les mots *conformément, antérieurement, postérieurement,* suivis de *à* et d'un *substantif,* ne peuvent être des *Adverbes.*

Les exemples suivants vont le prouver :

1º « Nous nous conduisons *conformément à la loi* du Christ. »

2º « Ce fait est arrivé *antérieurement à la naissance* du Christ. »

3º « L'Eglise a été établie, dans l'Occident, *postérieurement au culte* des faux-dieux. »

Dans la première phrase, *conformément à,* signifie : *selon :* — Dans la deuxième, *antérieurement à,* veut dire : *avant.* — Dans la troisième, *postérieurement à le culte,* signifie : *après* le culte.

On objectera peut-être que ces trois mots viennent des adjectifs *conforme, antérieur, postérieur ;* mais l'objection n'est pas sérieuse : en effet, qu'importe de quels mots ils dérivent ; ce qu'il faut constater, c'est leur fonction, c'est leur rapport avec tel ou tel autre mot. Or, ils tiennent rigoureusement la place des trois prépositions *selon, avant, après*. Donc ils sont prépositions ; donc ils ne peuvent être *Adverbes*.

Ils seraient Adverbes s'ils renfermaient en eux une préposition et un substantif.

On appelle *locution adverbiale* deux ou plusieurs mots qui font l'office d'un Adverbe. *A contre-temps, sans cesse, mal-à-propos, à-peu-près, de suite, tout de suite, sur-le-champ,* sont des *locutions adverbiales.*

§ 2me. — DE LA PRÉPOSITION.

La *Préposition* est un mot invariable qui sert à marquer le rapport qui existe entre deux mots.

La Préposition n'a par elle-même qu'un sens incomplet, ou plutôt n'a aucun sens ; elle doit toujours être suivie d'un mot qui en complète la signification. Ce mot s'appelle le *régime* de la Préposition. — Par *locution prépositive* on désigne deux ou plusieurs mots qui font le rôle d'une Préposition. — *Et, vers, dès, avant, à, de, pour, contre, pendant,* sont des Prépositions. — *Avant de, à cause de, à l'égard de, auprès de, au prix de, cependant,* (pour *pendant cela*), *à l'exception de,* etc., etc., sont des locutions prépositives. — *De* est adj. ind. s'il se change par *quelques, une certaine quantité. Avant* est quelquefois adverbe ; alors il est mis pour *profondément, plus loin.*

§ 3me. — DE LA CONJONCTION.

La *Conjonction* est un mot invariable qui sert à lier, à unir deux propositions. Une *locution conjonctive* est l'assemblage de deux ou plusieurs mots qui unissent deux propositions. *De peur que, afin que, pendant que, pour peu que, parce que, bien que, tandis que, de même que, ainsi que, vu que, à moins que,* etc., etc., *sont des locutions conjonctives.*

Souvent la Conjonction commence la phrase ; c'est *par inversion,* mais cela ne change rien au rôle de la Conjonction.

Si est *Conjonction* quand il peut se changer par *en cas que, pourvu que* ; il est *adverbe* quand il est mis pour *tellement, à un tel degré. Cependant* est Conjonction, alors il signifie *toutefois, néanmoins.*

La Conjonction *que* n'annonce pas toujours une proposition incidente. Dans les phrases suivantes :

1º « Dussé-je périr dans cette entreprise, *que* je ne puis renoncer à mes droits, ou *que* je ne renoncerai pas à mes droits. »

2º « Le prince lui accorderait les plus grandes dignités, *que* son ambition ne serait pas satisfaite. »

Le mot *que* n'est rien dans ces deux cas, et les propositions qu'il précède, sont des propositions principales ; en effet ces deux phrases reviennent à celles-ci :

1º « Quand je devrais périr dans cette entreprise, je ne puis, etc. etc. »

2° « Quand le prince lui accorderait les plus grandes dignités, son ambition, etc. »

Nous engageons les élèves à faire la plus grande attention à ces sortes de constructions, s'ils veulent se rendre compte du mécanisme, de la nature, et de la liaison des diverses propositions.

§ 4me. — DE L'INTERJECTION.

L'Interjection est un mot invariable qui exprime les affections subites et violentes de l'âme. (Voyez la Grammaire).

DISCUSSION

DE L'ANALYSE GRAMMATICALE.

Nous avons dit, à la fin de l'Introduction, que, pour rendre incontestable cette vérité : « *Aucun mot n'échappe à l'Analyse,* » nous devions analyser plusieurs autres phrases. Prenons les suivantes où il y a des difficultés qui peuvent arrêter les élèves :

1° « On ne doute point que *ce ne soit* vous *qui* ayez écrit cette lettre. » — 2° « Le maire ne craint point que *ce soit* nous *qui* fassions cette démarche. » — 3° « Vous voulez que *ce soit* moi *qui* ramène votre nièce chez ses parents ? » — 4° « Veut-il que *ce soit* toi précisément *qui* écrives au ministre ? » — 5° « Nous désirons que *ce soit* lui ou elle *qui* remette ces livres au libraire. » — 6 « Tu ne crois pas que *ce soient* eux ou elles *qui* aient pris cette somme. »

Analysons : Dans la première, le mot *ce* est-il pro. dém. c.-à.-d. signifie-t-il *cela ?* Est-il sujet de *soit ?* Non ; est-il pronom personnel ? Non, il ne remplace pas le mot *il.* S'il n'est pas sujet, ne peut-il pas être régime dir. ? Or, le verbe *être* n'a jamais de régime ; donc *ce* n'est ni pro. dém. ni pro. pers.; donc *il* est *nul. Vous* n'est ni suj. ni rég. de *soit,* ceci est évident; ainsi le verbe *soit* n'a aucun sujet; il est *nul. Vous,* ne se rapportant à aucun verbe qui précède, deviendra nul, si l'on fait *qui* sujet de ayez écrit. Mais il est absurde de supposer *qui* sujet de ayez écrit. Pourquoi ? parce que *ce, soit, vous*, étant *nuls*, cette première phrase se résoudrait ainsi :

« On ne doute point que ne *qui* ayez écrit, » etc. ; c'es impossible. Le mot *qui* n'est rien ; en effet, il n'est ni relatif à *vous*, ni indéfini. Pour qu' l fût relatif, il faudrait que *vous*, fût sujet ou rég. d'un verbe quelconque *autre* que *ayez écrit*. Or le sens commun veut qu'on dise :

« On ne doute point que vous n'ayez écrit cette lettre. » Le mot *ne* aussi est euphonique, puisqu'il n'est pas adv. de nég. Voici le moyen de s'en assurer : faites la dernière proposition *principale, d'incidente* qu'elle est, rendez-la première *incidente*, vous aurez : « Vous avez écrit cette lettre, ce dont personne ne doute. » Ainsi, dans la 1re phrase, il y a quatre mots euphoniques : *ce, ne, soit, qui.*

Pour la deuxième, la troisième, la quatrième, même raisonnement, même résultat : les mots *ce, soit, qui*, sont nuls pour la pensée. Ces phrases se résolvent en celles-ci :

2e « Le maire ne craint point que nous fassions cette démarche. » — 3e « Vous voulez que je ramène votre nièce chez ses parents ? » — 4e « Veut-il que toi précisément tu écrives au ministre ?

Pour la 5e et la 6e, l'Analyse présente deux solutions satisfaisantes :

1° On peut, comme dans les précédentes, faire *ce soit qui* (dans la 5e), *ce soient qui* (dans la 6e), purement euphoniques ;

2° Plus rigoureusement encore, l'on peut analyser ainsi la 5e : « Nous désirons qu'il ou elle soit la personne (celui ou celle) qui remette ces livres au libraire. »

Et la 6e : « Tu ne crois pas qu'eux ou elles soient les personnes (ceux ou celles) qui aient pris cette somme. »

7e. — « On ne doute pas que ce ne soit vous que le prince choisisse pour ministre. »

8e. — « Vous ne craignez pas que ce soit nous que le tribunal condamne. » En rapprochant ces deux phrases des nos 1er et 2e, l'analyse démontre que les mots *ce, ne soit que* (dans la 7e), sont nuls comme *ce ne soit qui* dans la 1re. et que les mots *ce soit que* (dans la 8e) le sont également. La seule différence, c'est que, dans la 1re et la 2e, *vous, nous*, sont les sujets du verbe qui suit le mot *qui*, tandis que dans la 7e et la 8e, ces mêmes pronoms sont régimes du verbe qui suit le dernier *que*.

9e. — « Nous ne craignons pas que *ce soit* à nous *qu'on* impute ce délit. »

10e. — « Un tel s'est imaginé que *c'était* de toi *que* l'avocat parlait.

Dans la 9e phrase, les mots *ce soit que*, ne signifient rien ; ils n'appartiennent ici à aucune partie du discours : car le raisonnement remplace cette phrase primitive par celle-ci : « Nous ne craignons point que à nous on impute ce délit. » Donc, ces trois mots *ce soit que* sont *euphoniques*. La 10e se change par cette autre : « Un tel s'est imaginé » que de toi l'avocat parlait. »

Ainsi, les mots *ce était* et le dernier *que*, sont encore euphoniques.

11ᵉ. — « *Est-ce* contre Charles *que* vous vous fâchez ? »

12ᵉ. — « *Est-ce* l'imprimeur *que* le tribunal a condamné aux dépens ? »

13ᵉ. — « *Sont-ce* mes enfants que vous osez calomnier ? »

La 11ᵉ phrase a trois mots euphoniques *est, ce, que*, puisqu'elle ne renferme qu'une idée.

La 12ᵉ et la 13ᵉ peuvent s'analyser avec deux propositions chacune, ou avec une seule proposition. Nous préférons la première analyse à la seconde.

La 12ᵉ devient : « L'imprimeur est-*il* celui que le tribunal, etc. etc ?, » (le mot *il*, euphonique).

La 13ᵉ devient : « Mes enfants sont-*ils* ceux que, etc., etc. ? »

Dans ces deux phrases, l'analyse prouve que le mot *ce* est pro. *démonstratif* et *attribut*.

14ᵉ. — « Est-ce que c'est *moi* qui *ai dit cela ?* »

15ᵉ. — « Est-ce que c'est *vous* que *le témoin accuse ?* »

16ᵉ. — « Est-ce que c'est *pour toi* que *nous avons tant travaillé ?* »

17ᵉ. — « Est-ce que ce serait *de mon frère* que *vous vous plaindriez ?* »

Ces quatre phrases peuvent se résoudre chacune par une seule proposition : la 14ᵉ par : « Ai-je dit cela, moi ? » — La 15ᵉ par : « Le témoin vous accuse-t-il, vous ? » — La 16ᵉ par : « Pour toi avons-nous tant travaillé ? » — La 17e par : « Vous plaindriez-vous de mon *frère ?* — Donc, dans la 14e *est, ce, que, c'est, qui,* n'ont aucune valeur ; dans la 15e et la 16e *est, ce, que, c'est que,* sont nuls, et dans la 17e *est, ce, que, ce, serait, que,* sont également euphoniques.

18e. — « Est-ce que *c'est l'imprimeur que le tribunal a condamné ?* » Cette phrase revient à la 12e déjà analysée. Elle présente donc trois mots nuls : *est, ce, que.*

19e. — « Est-ce que *ce sont mes enfants que vous osez calomnier ?* » Cette phrase et celle du n° 13 sont identiques. Ainsi la 19e a les trois mêmes mots nuls : *est, ce, que.*

20e. — « *C'était un crime* que de *prononcer le nom du tyran.* » Quel est le sujet ? — prononcer. — Quel est le qualificatif de ce sujet ? — un crime. — Le verbe *était* lie ces deux mots, et la proposition réelle est : « Prononcer le nom du tyran était un crime. » — Nous n'avons rien dit des mots *ce, que, de. Ce* n'est ni pro. dém., ni pro. pers. ; car il ne signifie ni *cela,* ni *celui,* ni *il ;* — *que* n'est ni conjonction, ni adverbe, ni *pronom* : en effet, il ne lie pas deux propositions ; il ne qualifie ni un adjectif, ni un verbe, ni un autre adverbe ; il ne peut se changer ni par *lequel* ni par *quelle chose.* — *De* n'est pas préposition, car il lui faudrait un régime ; il n'est pas non plus *adj. ind.,* puisqu'il ne peut se tourner par *quelques,* etc. — Donc ces trois mots sont euphoniques.

21e. — « Il *ne* mange *que* des fruits et du pain. »

22e. — « Nous *ne* faisons *que* notre devoir en payant nos dettes. » — ANALYSE : *Ne* est-il négation ? Non ; et le mot *que* est-il *conjonction ?* — Non ; il n'est pas non plus *pronom*, et encore moins *adverbe*. Ces deux mots ne sont pourtant pas *nuls*, attendu qu'ils restreignent l'action exprimée par les Verbes *manger, faire*. Ensemble, *ils* équivalent à l'adverbe *seulement*. Dans l'analyse ils s'écriront à côté l'un de l'autre, et l'on dira : *Ne que (seulement) adverbe de restriction modifie mange, faisons.* »

23e. — « *La sotte raison* que celle *que cet enfant m'a donnée !* »

24e. — « *Bizarre assemblage* que *la religion des païens !* »

Dans la première de ces deux phrases, déterminons le rôle du substantif *raison*. Il est *suj.* ou *rég. dir.* d'un verbe sous-entendu. On peut, en effet, la résoudre en celle-ci : « La raison que cet enfant m'a donnée est très-sotte ; » ou en cette autre : « Écoutez la sotte raison que cet enfant m'a donnée. » Or, nous ne voyons ni dans l'un ni dans l'autre de ces changements, les deux mots : *que celle,* qui, dans la phrase primitive, sont après le mot *raison*. Pourquoi les supprimer ? — Parce qu'ils sont tout-à-fait nuls. Supposez qu'ils ne le soient pas, le mot *que* sera conjonction ou pronom relatif *;* s'il est conj., il faut trouver trois propositions dans cette phrase 23e, ce qui *est absurde ;* s'il est pronom relatif, il doit se remplacer par *laquelle,* et il faudra encore trois propositions ; *autre absurdité*. On aurait : « *La sotte raison laquelle celle que* *(laquelle) cet enfant m'a donnée.* » Ce *que* n'est pas non plus adverbe ni pronom indéf., car on ne peut le changer par *combien* ni par *quelle chose.* Le mot *celle* est sujet ou rég. dir. — De quel verbe le serait-il ici ? *raison* est sujet de *est* ou rég. dir. de *écoutez ;* le 2e *que* est rég. dir. de *a donnée,* et il n'y a que deux propositions. — Donc les mots *que celle* sont mis par euphonie. — La 24e phrase se réduit à : « La religion des païens était un bizarre assemblage. » Le mot *que* est nul.

25e. — « Est-*il* si pénible *de me* porter cette lettre à la poste ? » *Il, de, me* sont nuls. — Pourquoi ? C'est que *porter* est le sujet de *est ;* ce mot *porter* a pour rég. dir. *cette lettre,* pour rég. ind. *à la poste,* et pour attribut *si pénible.* Il n'y a pas d'autre verbe dont *il* soit sujet ; le *de* n'exprime aucun rapport entre deux mots ; *me* n'est ni rég. dir. ni rég. ind. — Ces mots *il, de, me,* sont donc euphoniques.

26e. — « Une *foule* de *paysans* sont entrés dans le château. » — Une *foule* n'est pas sujet, car ce mot séparé de *paysans* ne signifie rien. Le sens indique clairement que les *paysans* font l'action, tandis que *foule* ne désigne qu'une idée accessoire, une idée de nombre indéterminé. Voici l'analyse de cette phrase : « Des paysans nombreux sont entrés dans le château. » — Prouvons qu'on ne peut analyser autrement, et admettons d'abord que *foule* soit le sujet, que devient le verbe avec la forme plurielle ? — *De* sera-t-il préposition ? et quel en est le régime ? est-ce le mot *paysans.* Mais nous avons vu qu'il est suj. de *sont entrés.* Ainsi *foule* n'est pas *sujet,* ni *de* prép. — Veut-on analyser ensemble *une foule de paysans,* et faire ces quatre mots *sujets,* en les considérant comme un subst. composé? Nous répondrons alors que ce n'est plus une décomposition, et que la difficulté n'est pas résolue.

27ᵉ. — « Nous avons rencontré une *foule* de pauvres. » Le mot *foule* n'a pas ici une autre signification que dans le n° 26, et, s'il n'ajoute à *pauvres* qu'une idée de nombre, c'est un vrai modificatif qui ne complète pas l'action du verbe rencontrer. D'ailleurs, la phrase proposée revient à celle-ci : « Nous avons rencontré des pauvres très-nombreux, » dans laquelle le mot *pauvres* est rég, dir. de rencontrer. — Donc *foule* n'est pas rég. dir.

28ᵉ. — « Notre oncle a distribué des vêtements à une *foule* de pauvres. » Même raisonnement que dans les exemples 26 et 27, sur la valeur du mot *foule* : c'est aux pauvres que les vêtements ont été distribués; ces pauvres font un *nombre quelconque, une foule;* pauvres est le rég. indirect de *a distribué,* car nous obtenons par l'analyse : « *Notre oncle a distribué des vêtements à des pauvres fort nombreux.* » Donc le mot *foule* n'est pas rég. ind.

Nous avons raisonné sur le mot *foule* dans ces trois dernières phrases; mais rien n'empêche de substituer à *foule* l'un des collectifs partitifs cités dans la remarque qui termine le chapitre du Substantif. Le résultat sera toujours le même, c.-à-d. que tous ces autres collectifs ne seront ni *suj.,* ni *rég. dir.,* ni *rég. ind.* Pourquoi? Parce que le raisonnement ne peut attribuer aux uns *(douzaine, vingtaine)* qu'une idée de nombre déterminé, aux autres *(multitude, la plupart, une infinité)*, qu'une idée de nombre indéfini, et que cette idée de nombre ne fera que modifier les substantifs *paysans, pauvres.*

Il en est de même pour les adverbes *peu, beaucoup, plus, assez, combien,* etc., employés comme *collectifs parti.* C'est toujours un subst. plur. sous-entendu qui est le *sujet,* le *rég. dir.* ou le *rég. ind.* du *verbe* précédé ou suivi de l'un de ces adverbes.

Il nous reste à parler des adverbes de quantité *peu, un peu, que* ou *combien, beaucoup, plus, moins, trop, assez, tant, autant,* placés avant un subs. sing. ou plur. précédé du mot de ; que ce subs. soit *sujet,* rég. dir. ou rég. ind.

1° Sont-ils devant un subst. sing. masc. ou fém., l'analyse les fait précéder de *un, une,* et suivre de l'adj. *grand, grande.* Le mot *de* disparaît.

29ᵉ. — « Mon frère a montré *plus* de patience que vous. »

30ᵉ. — « Pausanias avait *trop* d'orgueil. »

Analyse. — L'idée marquée par *plus, trop,* modifie-t-elle les verbes *montrer, avoir ?* ou plutôt ne retombe-t-elle pas sur les subst. *patience, orgueil ? Plus, trop* n'ajoutent rien à la signification de *montrer, avoir :* ce sont les mots *patience, orgueil,* qui complètent cette signification. Cela est si vrai que, si l'on supprime *patience, orgueil,* les mots qui restent dans l'une et l'autre phrase, n'ont pas le sens commun. Il faut donc que l'idée de quantité contenue

dans les mots *plus de, trop de*, qualifie nécessairement
patience, orgueil. Mais un adverbe ne peut qualifier ou
modifier un substantif. Donc la décomposition suivante :
(29ᵉ) « Mon frère a montré *une plus grande* patience que
vous ; » (30ᵉ) « Pausanias avait *un* orgueil *trop grand*, » est
juste, et la seule vraiment rigoureuse.

Au contraire, dans les deux exemples suivants : « Mon
frère a parlé *plus que* vous, » « Cet enfant mange *trop*, » les
adverbes *plus, trop*, qualifient *parler, manger*, parce que
ces adverbes complètent la signification de ces deux
verbes.

2° Les adverbes de quantité sont-ils avant un subst.
plur. masc. ou fém., on les fait précéder, dans l'analyse,
du mot *de, des* (adj. ind.) et suivre de l'adjectif *nombreux,
nombreuses*. Le mot *de* toujours nul.

31ᵉ — « Ce professeur a *plus de* livres que moi. »

32ᵉ — « Cet homme a fait *autant de* démarches que
son compétiteur. »

Par le même raisonnement que ci-dessus, il est évident
que *plus de, autant de,* impliquent une idée de nombre
qui ne peut modifier les verbes *avoir, faire,* et que cette
idée de nombre est relative au subst. *livres, démarches*.
Ces deux phrases se résolvent donc par celles-ci : (31ᵉ) » Ce
professeur a des livres plus nombreux que moi, etc. » (32ᵉ)
« Cet homme a fait d'aussi nombreuses démarches que son
compétiteur. » (*Des, de*, adj. ind.)

REMARQUE. — Lorsque les mêmes adverbes précèdent

un des subst. sing. : « *eau, vin, cidre, café, soupe, nourri- ture, viande, lait*, etc, etc., *argent, or, cuivre, plomb*, etc., *poison, arsenic, vitriol, manne, gomme*, etc. etc., et tout ceux dans lesquels on considère la *quantité* plutôt que la *qualité*, analysez *ces adverbe*s et le mot *de* ainsi qu'il suit :

peu de	Par une petite quantité de, etc.	
Un peu de		
que de, combien de	» quelle grande quantité de, etc.	
beaucoup de	» une grande	»
plus de	» une plus grande	»
moins de	» une moins	» »
trop de	» une trop	» »
assez de	» une assez	» »
tant de	» une si	» »
autant de	» une aussi	» »

33e. — « Paul mange *beaucoup de* viande et *peu* de pain, c.-à-d. *une grande quantité de* viande et *une petite quantité de* pain. »

34e. — « Ni vous ni moi n'avons *assez* d'argent pour acheter cette maison, c.-à-d. *une assez grande quantité* ou *somme* d'argent pour, etc. »

35e. — « Ce malheureux a bu *tant de* poison qu'il en mourra, c.-à-d., *une i grande quantité de*, etc. »

36e. — « Que de vin vous lui donnez ! c.-à-d. *quelle grande quantité*, etc. »

Or, par les divers changements indiqués dans la re- marque ci-dessus, l'analyse, pour être stricte, devrait

considérer (ex. 33e 34e 35e 36e) les mots : *une grande
quantité de viande, une assez grande quantité ou somme
d'argent*, etc., comme rég. dir. des verbes *manger, avoir*,
etc., car, si l'on faisait *une grande quantité* rég. dir. de
ces verbes, ce rég. dir. ne signifierait rien, le mot *quantité*
n'ayant par lui-même qu'une idée vague, incomplète. C'est
pour ce motif que nous adoptons les changements
suivants :

Ex. 33e : « Paul mange *de la viande* en grande quantité,
etc. »

Ex. 34e : « Ni vous ni moi n'avons *d'argent* en assez
grande quantité, etc. »

Ex. 35e : « Ce malheureux a bu *du poison* en si grande
quantité, etc., etc. »

Ex : 36e « En quelle quantité vous lui donnez *du vin !* »
changements où l'on voit tout de suite les divers rég.
directs.

37e : « C'en est fait, mes amis, nous sommes ruinés. »

38e : « Il s'agit de votre avenir. »

39e : « Il y va de notre gloire. »

40e : « N'est-il pas temps que cette plaisanterie cesse ? »

41e : « Le plaisant personnage ! »

42e : « Moi ! le haïr ? »

43e : « A quoi bon se plaindre ? »

44e : « Est-ce à vous de me reprendre ?

45e : « Misère que tout ceci. »

Ces phrases, qui sont très-usitées, renferment les unes

des gallicismes, les autres des constructions irréguliéres et des lacunes. Nous les analyserons toutes dans les exercices.

Nous terminons ici la Discussion de l'Analyse. Les divers exemples que nous avons décomposés et discutés, indiquent assez jusqu'où nous pousserons l'exactitude de L'Analyse Grammaticale.

ANALYSE GRAMMATICALE.

Première Analyse.

La maison du voisin est belle. — Les élèves seront sages. — Le maître a été content. — Que les
enfants soient dociles. — Ils seraient heureux, si j'é-
tais riche.

La	art. s. f. sing. dét. *maison,*
maison	subs. com. f. s. suj. de *est,*
du	art. comp. m. s. $\begin{cases} de, \text{ prép. régit } voisin, \\ le, \text{ art. s. m. s. dét. } voisin, \end{cases}$
voisin	subs. com. m. s. rég. de *de* dans *du,*
est	verb. subs. 4. c. irr. Ind. prés. 3. p. s. (t. s. p.),
belle.	adj. f. s. qual. *maison.*
— *Les*	art. s. m. pl. dét. *élèves,*
élèves	subs. com. m. pl. suj. de *seront,*
seront	ver. subs. 4. c. irr. Ind. fut. abs. 3. p. p. (t. s. d.),
sages.	adj. m. pl. qual. *élèves.*
— *Le*	art. s. m. s. dét. *maître,*
maître	subs. com. m. s. suj. de *a été,*
a été	ver. subs. 4. c. irr. Ind. pas. ind. 3. p. s. (t. c.),
content.	adj. m. s. qualifie *maître.*
— *Que*	conj. lie 2 prop. (la 1re est sous-ent.),

les	art. s. m. pl. dét. *enfants,*
enfants	subs. com. m. pl. suj. de *soient,*
soient	ver. subs. 4. c. irr. Subj. prés. 3. p. p. (t. s. d.),
dociles.	adj. m. pl. qual. *enfants.*
— *Ils*	pro. 3. pers. m. pl. suj. de *seraient,*
seraient	ver. subs. 4. c. irr. Cond. prés. 3. p. pl. (t. s. d.),
heureux,	adj. m. pl. qual. *ils,*
si	conj. lie 2 prop.,
je	pro. 1re pers. m. s. suj. de *étais,*
étais	ver. subs. 4. c. irr. Ind. imp. 1. p. s. (t. s. d.),
riche.	adj. m. s. qual. *je.*

Deuxième Analyse.

Ulysse avait l'esprit subtil. — Pierre a les jambes
faibles. — Néron fut lâche et cruel. — Que les jeunes
gens aient l'amour de Dieu. — Un élève a eu la
fièvre. — Charles, sois modeste.

Ulysse	subs. pro. m. s. suj. de *avait,*
avait	ver. act. irr. 3. c. Ind. imp. 3. p. s. (t. s. d.),
l'	art. s. m. s. dét. *esprit,*
esprit	subs. com. m. s. rég. dir. de *avait,*
subtil.	adj. m. s. qual. *esprit.*
— *Pierre*	subs. pro. m. s. suj. de *a,*
a	ver. act. irr. 3. c. Ind. prés 3. p. s. (t. s. p.),
les	art. s. f. pl. dét. *jambes,*
jambes	subs. com. f. pl. rég. dir. de *a,*
faibles.	adj. f. pl. qual. *jambes.*
— *Néron*	subs. pro. m. s. sujet de *fut,*
fut	ver. subs. 4. c. irr. Ind. pas. déf. 3. p. s. (t. s. p.)

lâche	adj. m. s. qual. *Néron,*
et	conj. lie 2. prop.,
cruel.	adj. m. s. qual. *Néron.*
— *Que*	conj. lie 2 prop. (la 1re est sous-ent.),
les	art. s. m. pl. dét. *jeunes-gens,*
jeunes-gens	subs. com. comp. m. pl. suj. de *aient,*
aient	ver. act. 3. c. irr. Subj. prés. 3. p. p. (t. s. d.),
l'	art. s. m. s. dét. *amour,*
amour	subs. com. m. s. rég. dir. de *aient,*
de	prép. régit *Dieu,*
Dieu.	subs. pro. m. s. rég. de la prép. *de.*
— *Un*	adj. ind. m. s. mod. *élève,*
élève	subs. com. m. s. suj. de *a eu,*
a eu	ver. act. 3. c. irr. Ind. pas. ind. 3. p. s. (t. c.),
la	art. s. f. s. dét. *fièvre,*
fièvre.	subj. com. f. s. rég. dir. de *a eu.*
— *Charles,*	subs. pro. m. s. mis en apos.
sois	ver. subs. 4. c. irr. Impé. 2. p. s. (t. s. d.) son suj. est *tu* sous-ent.
modeste.	adj. m. s. qual. *tu.*

Troisième Analyse.

Mes enfants auraient des prix si leurs devoirs étaient bons. — Ce soldat a sauvé son général ; il sera officier. — Tu as ton chapeau, et j'ai perdu le mien. — Vous écrivez cette lettre, Marie. Elle est fort longue.

Mes	adj. pos. m. pl. dét. *enfants,*
enfants	subs. com. m. pl. suj. de *auraient,*

3.

auraient   ver. act. 3. c. irr. Cond. prés. 3. p. p. (t. s. d.),

des   adj. ind. m. pl. mod. *prix*,

prix   subs. com. m. pl. rég. dir. de *auraient*,

si   conj. lie 2 prop.,

leurs   adj. pos. m. pl. dét. *devoirs*,

devoirs   subs. com. m. pl. suj. de *étaient*,

étaient   ver. subs. 4. c. irr. Ind. imp. 3. p. p. (t. s. d.),

bons.   adj. m. pl. qual. *devoirs*,

— *Ce*   adj. dém. m. s. dét. *soldat*,

soldat   subs. com. m. s. suj. de *a sauvé*,

a sauvé   ver. act. 1. c. régr. Ind. pas. ind. 3. p. s. (t. c.),

son   adj. pos. m. s. dét. *général*,

général ;   subs. com. m. s. rég. dir. de *a sauvé ;*

il   pro. 3e pers. m. s. suj. de *sera*,

sera   ver. subs. 4. c. irr. Ind. fut. abs. 3. p. s. (t.s.d.),

officier.   subs. com. m. s. pris. adj. qual. *il.*

— *Tu*   pro. 2e pers. m. s. suj. de *as*,

as   ver. act. 3. c. irr. Ind. prés. 2. p. s. (t. s. p.),

ton   adj. pos. m. s. dét. *chapeau*,

chapeau,   subs. com. m. s. rég. dir. de *as*,

et   conj. lie 2 prop.

je   pro. 1re pers. m. s. suj. de *ai perdu*,

ai perdu   ver. act. 4. c. régr. Ind. pas. ind. 1. p. s. (t. c.),

le mien.   pro. pos. m. s. rég. dir. de *ai perdu*.

vous   pro. 2e pers. f. s. suj. de *écrivez*,

écrirez   ver. act. 4. c. irr. Ind. fut. abs. 2. p. s. (t. s. d.),

cette   adj. dém. f. s. dét. *lettre*,

lettre,   subs. com. f. s. rég. dir. de *écrirez*,

Marie.   subs. pro. f. s. mis en apos.

— *Elle*   pro. 3. pers. f. s. suj. de *est*,

est   ver. subs. 4. c. irr. Ind. prés. 3. p. s. (t. s. p.), *fort*   adv. de quant. qual. *longue,*

longue.   adj. f. s. qual. *elle.*

Quatrième Analyse,

Nos troupes ont attaqué vigoureusement les enne-mis. — Ceux-ci ont pris la fuite, en abandonnant tous leurs canons. — Nous avons fait deux cents pri-sonniers.

Nos	adj. pos. f. pl. dét. *troupes,*
troupes	subs. com. f. pl. suj. de *ont attaqué,*
ont attaqué	ver. act. 1. c. régr. Ind. pas. ind. 3. p. p. (t. c.),
vigoureusement	adv. qual. *ont attaqué,*
les	art. s. m. pl. dét. *ennemis,*
ennemis.	subs. com. m. pl. rég. dir. de *ont atta-qué.*
— Ceux-ci	pro. dém. m. plur. suj. de *ont pris,*
ont pris	ver. act. 4. c. irr. Ind. pas. ind. 3. p. p. (t. c.),
la	art. s. f. s. dét. *fuite.*
fuite,	subs. com. f. s. rég. dir. de *ont pris,*
en	prép. régit *abandonnant,*
abandonnant	ver. act. 1. c. régr. Inf. part. prés. (t. s. p.) rég. de *en,*
tous	adj. ind. m. pl. mod. *canons,*
leurs	adj. pos. m. pl. dét. *canons,*
canons.	subs. com. m. pl. rég. dir. de *abandon-nant.*
— Nous	pro. 1re pers. m. pl. suj. de *avons fait,*
avons fait	ver. act. 4 c. irr. Ind. pas. ind. 1. p. p. (t. c.),

deux cents	adj. num. card. m. p. dét. *prisonniers,*
prisonniers.	subs. com. m. pl. rég. dir. de *avons fait.*

Cinquième Analyse.

Les anciens nous ont laissé de grands modèles dans tous les genres. — Quel homme serait assez insensé pour en douter ? — La postérité ne croira pas aux prodiges de valeur qui signalèrent l'entrée des Français en Italie, à la fin du siècle dernier.

Les	art. s. m. pl. dét. *anciens,*
anciens	subs. com. m. pl. suj. de *ont laissé,*
nous	pro. 1. pers. m. pl. rég. ind. de *ont laissé,*
ont laissé	ver. act. 1. c. régr. Ind. pas. ind. 3. p, p. (t. c.),
de	adj. ind. m. pl. mod. *modèles,*
grands	adj. m. plur. qual. *modèles,*
modèles	subs. com. m. pl. rég. dir. de *ont laissé,*
dans	prép. régit *genres,*
tous	adj. ind. m. pl. mod. *genres,*
les	art. s. m. plur. dét. *genres,*
genres.	subs. com. m. pl. rég. de *dans.*
— Quel	adj. ind. m. s. mod. *homme,*
homme	subs. com. m. s. suj. de *serait,*
serait	ver. sub. 4. c. irr. Cond. prés. 3. p. s. (t. s. d.),
assez	adv. de quan. qual. *insensé,*
insensé	adj. m. s. qual. *homme,*
pour	prép. régit *douter,*
en	pro. dém. m. s. (de cela) rég. ind. de *douter,*
douter ?	ver. n. 1. c. régr. Inf. prés. (t. s. p.) rég. de *pour ?*

— *La*   art. s. f. s. dét. *postérité,*

postérité   subs. com. coll. f. s. suj. de *croira,*

ne pas   adv. de nég. mod. *croira,*

croira   ver. act. pris n. 4 c. irr. Ind. fut. abs. 3. p.
          s. (t. s. d.),

aux   art. comp. m. pl. { *à* prép. régit *prodiges,*
                    les art. s. m. pl. dét. *prodiges*

prodiges   subs. com. m. pl. rég. de *à* dans *aux,*

de   prép. régit *valeur,*

valeur   subs. com. f. s. rég. de *de,*

qui   pro. rel. m. pl. suj. de *signalèrent,*

signalèrent ver. act. 1. c. régr. Ind. pas. déf. 3. p. p.
          (t. s. p.),

la   art. s. f. s. dét. *entrée,*

entrée   subs. com. f. s. rég. dir. de *signalèrent,*

des   art. comp. m. pl. { *de,* prép. régit *Français,*
                    les, art. s. m. pl. dét. *Français,*

Français   subs. com. m. pl. rég. de la prép. *de* dans
          des,

en   prép. régit *Italie,*

Italie,   subs. prop. f. s. rég. de *en,*

à   prép. régit *fin,*

la   art. s. f. s. dét. *fin,*

fin   subs. com. f. s. rég. de *à,*

du   art. comp. m. s. { *de,* prép. régit *siècle,*
                  le, art. s. m. s. dét. *siècle,*(1).

siècle   subs. com. coll. m. s. rég. de *de,*

dernier.   adj. num. ord. m. s. dét. *siècle.*

(1) Dans les exercices qui vont suivre, nous ne décomposerons plus les articles composés *du, au, des, aux.* Nous dirons que ces articles régissent et déterminent le substantif suivant.

Sixième Analyse.

L'histoire dont vous me parliez hier, paraît un peu fabuleuse à plusieurs. — Chacun dit du bien de son cœur ; personne n'en dit de son esprit.

La	art. s. f. s. dét. *histoire,*
histoire	subs. com. f. s. suj. de *paraît,*
dont	pro. rel. f. s. rég. ind. de *parliez,*
vous	pro. 2. pers. m. s. suj. de *parliez,*
me	pro. 1. pers. m. s. rég. ind. de *parliez,*
parliez	ver. n. 1. c. rég. Ind. imp. 2. p. s. (t. s. d.),
hier,	adv. de temps dét. *parliez,*
paraît	ver. n. 4. c. irr. Ind. prés. 3. p. s. (t. s. p.),
un peu	adv. de quan. qual. *fabuleuse,*
fabuleuse	adj. f. s. qual. *histoire,*
à	prép. régit *plusieurs,*
plusieurs.	pro. ind. m. pl. rég. de *à.*
— Chacun	pro. ind. m. s. suj. de *dit,*
dit	ver. act. 4. c. irr. Ind. prés. 3. p. s. (t. s. p.),
du	adj. ind. m. s. mod. *bien,*
bien	subs. com. m. s. rég. dir. de *dit,*
de	prép. régit *cœur,*
son	adj. pos. m. s. dét. *cœur,*
cœur;	subs. com. m. s. rég. de *de;*
personne	pro. ind. m. s. suj. de *dit,*
ne	adv. de nég. mod. *dit,*
en	pro. dém. m. s. rég. dir. de *dit* (cela),
dit	ver. act. 4. c. irr. Ind. prés. 3. p. s. (t. s. p.),
de	prép. régit *esprit,*
son	adj. pos. m. s. dét. *esprit,*
esprit.	subs. com. m. s. rég. de *de.*

Septième Analyse.

La domestique que notre cousin nous enverra
demain, est fidèle et laborieuse. — Quand nous la con-
naîtrons mieux, et que nous en serons contents, nous
augmenterons ses gages. — Que ce spectacle est
beau ! — Henry, que réclames-tu ? — Rien.

La	art. s. f. s. dét. *domestique,*
domestique	subs. com. f. s. suj. de *est,*
que	pro. rel. f. s. rég. dir. de *enverra,*
notre	adj. pos. m. s. dét. *cousin,*
cousin	subs. com. m. s. suj. de *enverra,*
nous	pro. 1e pers. m. pl. rég. ind de *enverra,*
enverra	ver. act. 1. c. irr. Ind. fut. abs 3. p. s. (t. s. d.),
demain,	adv. de temps dét. *enverra,*
est	ver. subs. 4. c. irr. Ind. prés. 3. p. s. (t.s. p.),
fidèle	adj. fém. s. qual. *domestique,*
et	conj. lie 2 prop.
laborieuse.	adj. f. s. qual. *domestique.*
— *Quand*	conj. lie 2 prop.
nous	pro. 1. pers. m. pl. suj. de *connaîtrons,*
la	pro. 3. pers. f. s. rég. dir. de *connaîtrons,*
connaîtrons	ver. act. 4. c, irr. Ind. fut. abs. 1. p. p. (t. s. d.),
mieux,	adv. qual. *connaîtrons,*
et	conj.
que	conj. lie 2 prop,
nous	pro. 1. pers. m. pl. suj. de *serons,*
en	pro. 3. pers. f. sing. rég. ind. de *contents,*

serons	ver. subs. 4. c. irr. Ind. fut. abs. 1. p. p. (t. s.d .),
contents,	adj. m. pl. qual. *nous*,
nous	pro. 1. pers. m. pl. suj. de *augmenterons*,
augmenterons	ver. act. 1. c. régr. Ind. fut. abs. 1. p. p. (t. s. d.),
ses	adj. pos. m. pl. dét. *gages*,
gages.	subs. com. m. pl. rég. dir. de *augmenterons*.
— *Que*	adv. de quan. qual. *beau!*
ce	adj. dém. m. s. dét. *spectacle*,
spectacle	subs. com. m. s. suj. de *est*,
est	ver. subs. 4. c. irr. Ind. prés. 3. p. s. (t. s. p.),
beau !	adj. m. s. qual. *spectacle*,
— *Henry*,	subs. pro. m. s. mis en apos.
que	pro. ind. m. s. rég. dir. de *réclames*,
réclames-	ver. act. 1. c. régr. Ind. prés. 2. p. s. (t. s. p.),
tu ?	pro. 2e pers. m. s. suj. de *réclames ?*
— *Rien*	subs. com. m. s. (ou pro. ind.) rég. dir. de *je réclame* sous-ent.

Huitième Analyse.

Les malades boiront *du* lait. — Qu'ils mangent *de la* soupe. — Ne verse pas *d'huile* sur mon habit. — Ce boulanger fait *de* bon pain. — Cueillez *des* fruits plus mûrs que ceux-ci.

— *Les*	art. s. m. pl. dét. *malades*,
malades	adj. pris. subs. m. pl. suj. de *boiront*,
boiront	ver. act. 4. c. irr. Ind. fut. abs. 3. p. p. (t. s. d.),

du	adj. ind. m. s. mod. *lait,*
lait.	subs. com. m. s. rég. dir. de *boiront.*
— *Que*	conj. lie 2 prop. (la **1**ʳᵉ sous-ent.),
ils	pro. 3ᵉ pers. m. pl. suj. de *mangent,*
mangent	ver. act. 1. c. irr. Subj. prés. 3. p. p. (t s. d.),
de la	adj. ind. f. s. mod. *soupe,*
soupe.	subs. com. f. s. rég. dir. de *mangent.*
— *Ne pas*	adv. de nég. mod. *verse,*
verse	ver. act. 1. c. régr. Impé. 2. p. s. (t. s. d.), son suj. est. *tu* sous-ent.,
de	adj. ind. f. s. mod. *huile,*
huile	subs. com. f. s. rég. dir. de *verse,*
sur	prép. régit *habit,*
mon	adj. pos. m. s. dét. *habit,*
habit.	subs. com. m. s. rég. de *sur.*
— *Ce*	adj. dém. m. s. dét. *boulanger,*
boulanger	subs. com. m. s. suj. de *fait,*
fait	ver. act. 4. c. irr. Ind. prés. 3. p. s. (t. s. p.),
de	adj. ind. s. m. mod. *pain,*
bon	adj. m. s. qual. *pain,*
pain.	subs. com. m. s. rég. dir. de *fait.*
— *Cueillez.*	ver. act. 2. c. irr. Impé. 2. p. p. (t. s. d.), son suj. est *vous* sous-ent.,
des	adj. ind. m. pl. mod. *fruits,*
fruits	subs. com. m. pl. rég. dir. de *cueillez,*
plus	adv. de quan. qual. *mûrs,*
mûrs	adj. m. plur. qual. *fruits,*
que	conj. lie 2 prop.,
ceux-ci.	pro. dém. m. pl. suj. de *sont* sous-ent.

4

Neuvième Analyse.

Les livres dont se servent ces deux frères, ne leur coûtent pas cher : leur père les leur a laissés.

Les	art. s. m. pl. dét. *livres,*
livres	subs. com. m. pl. suj. de *coûtent,*
dont	pro. rel. m. pl. rég. ind. de *servent,*
se	pro. 3. pers. m. pl. rég. dir. de *servent,*
servent	ver. act. acc. pron. 2. c. irr. Ind. prés. 3. p. p. (t. s. d.),
ces	adj. dém. m. pl. dét. *frères,*
deux	adj. num. card. m. pl. dét. *frères,*
frères,	subs. com. m. pl. suj. de *servent,*
ne pas	adv. de nég. mod. *cher,*
leur	pro. 3. pers. m. pl. rég. ind. de *coûtent,*
coûtent	ver. n. 1. c. régr. Ind. prés. 3. p. p. (t. s. d.),
cher :	adv. qual. *coûtent :*
leur	adj. pos. m. s. dét. *père,*
père	subs. com. m. s. suj. de *a laissés,*
les	pro. 3. pers. m. pl. rég. dir. de *a laissés,*
leur	pro. 3. pers. m. pl. rég. ind. de *a laissés,*
a laissés.	ver. act. 1. c. régr. Ind. pas. ind. 3. p. s (t. c.)

Dixième Analyse.

Vois ces étrangers : le premier est anglais ; le deuxième et le troisième sont allemands ; les autres, polonais. — Ce sont des réfugiés qui n'ont plus aucune ressource. — Ils se nuisent pourtant les uns aux autres. — Tel nous applaudit hier, qui nous déchire aujourd'hui. — Louis XVIII est mort l'an 1824. — C'était beaucoup plus difficile que vous ne pensez.

Vois	ver. act. 3 c. irr. Impé. 2. p. s. (t. s. d.), son suj. est *tu* sous-ent.,
ces	adj. dém. m. pl. dét. *étrangers,*
étrangers :	subs. com. m. pl. rég. dir. de *vois :*
le premier	adj. num. ord. pris. subs. m. s. suj. de *est,*
est	ver. subs. 4 c. irr. Ind. prés. 3 p. s. (t. s. p.),
anglais ;	adj. m. s. dét. *le premier,*
le deuxième	adj. num. ord. pris subs. m. s. 1er suj. de *sont,*
et	conj. lie 2 prop.
le troisième	adj. num. ord. pris. subs. m. s. 2e suj. de *sont,*
sont	ver. subs. 4 c. irr. Ind. prés. 3 p. p. (t s. d.),
allemands ;	adj. m. pl. dét. *le 2° et le 3e,*
les autres,	pro. ind. m. pl. suj. de *sont* sous-entendu,
polonais.	adj. m. pl. dét. *les autres.*
— Ce	pro. 3 pers. m pl. suj. de *sont,*
sont	ver. subs. 4 c. irr. Ind. prés. 3 p. p. (t. s. d.),
des	adj. ind. m. pl. mod. *réfugiés,*
réfugiés	adj. m. plur. dét. *ce* (ils),
qui	pro. rel. m. pl. suj. de *ont,*
ne plus	adv. de nég. mod. *ont,*
ont	ver. act. 3. c. irr. Ind. prés. 3. p. pl. (t s. d.),
aucune	adj. ind. f. s. mod. *ressource,*
ressource.	subs. com. f. s. rég. dir. de *ont.*
— Ils	pro. 3 pers. m. pl. suj. de *nuisent.*
se	pro. 3 pers. m. pl. rég. ind. de *nuisent,*
nuisent	ver. n. acc. pron. 4. c. irr. Ind. prés. 3. p. p. (t. s. d.),
pourtant	conj. lie 2 prop.,

les uns	pro. ind. m. pl. 2ᵉ suj. de nuisent,
aux autres	pro. ind. m. pl. 2ᵉ rég. ind. de nuisent.

(accolade) pour marquer la réciprocité.

— Tel	pro. ind. m. s. suj. de *applaudit.*
nous	pro. 1ʳᵉ pers. m. pl. rég dir. de *applaudit,*
applaudit	ver. act. 2. c. régr. Ind. pas. déf. 3 p. s. (t. s. p.),
hier,	adv. de temps dét. *applaudit,*
qui	pro. rel. m. s. suj. de *déchire,*
nous	pro. 1. pers. m. pl. rég. dir. de *déchire,*
déchire	ver. act. 1. c. régr. Ind. prés. 3. p. s. (t. s. p.),
aujourd'hui.	adv. de temps. dét. *déchire.*
— Louis	subs. pro. m. s. suj de *est mort,*
XVIII	adj. num. ord. m. s. dét. *Louis,*
est mort	ver. n. 2. c. irr. Ind. pas. ind. 3. p. m. s. (t. c.),
le	art. simp. m. s. dét. *an,*
an	subs. com. m. s. rég. de *en* sous-ent.,
1824.	adj. num. ord. m. s. dét. *an.*
— Ce	Pro. dém. m. s. suj. de *était,*
était	ver. subs. 4. c. irr. Ind. imp. 3. p. s. (t. s. d.),
beaucoup	adv. qual. *plus,*
plus	adv. qual. *difficile,*
difficile	adj. m. s. qual. *ce,*
que	conj. lie 2 prop.,
vous	pro. 2. pers. m. pl. suj. de *pensez,*
ne	euph.,
pensez	ver. n. 1. c. régr. Ind. prés. 2. p. pl. (s. d.)

Onzième Analyse.

Riches, quelle que soit votre fortune, ne vous en enorgueillissez point. — Toute pauvre que vous paraît cette famille, elle jouit d'une honnête aisance. — Quelque coupables que soient les hommes, Dieu leur pardonne pourvu qu'ils se repentent sincèrement.

Riches,	adj. pris subs. m. pl. mis en apos.,
quelle	adj. ind. f. s. mod. *fortune,*
que	conj. lie 2 prop.,
soit	ver. subs. 4. c. irr. Subj. prés. 5. p. s. (t. s. d.),
votre	adj. pos. f. s. dét. *fortune,*
fortune,	subs. com. coll. f. s. suj. de *soit,*
ne point	adv. de nég. mod. *enorgueillissez,*
vous	pro. 2. pers. m. pl. rég. dir. de *enorgueillissez,*
en	pro. 3. pers. f. s. (de elle) rég. ind. de *enorgueillissez,*
enorgueillissez.	ver. ess. pron. act. 2. c. régr. Impé. 2. p. pl. (t.s. d.) *vous* sous-ent. est son *suj.,*
— Toute	adv. mod. *pauvre* (e est euph.),
pauvre	adj. f. s. qual. *famille,*
que	conj. lie 2. prop.,
vous	pro. 2. pers. m. pl. rég. ind. de *paraît,*
paraît	ver. n. 4. c. irr. Ind. prés. 3. p. s. (t. s. p.),
cette	adj. dém. f. s. dét. *famille,*
famille,	subs. com. coll. f. s. suj. de *paraît,*
elle	pro. 3 pers. f s. suj. de *jouit,*
jouit	ver. n. 2. c. régr. Ind. prés. 3. p. s. (t.s.p.),
de	prép. régit *aisance,*
une	adj. ind. f. s. mod. *aisance,*
honnête	adj. f. s. qual. *aisance,*
aisance.	subs. com. f. s. rég. de *de*

4.

— *Quelque*	adv. mod. *coupables*,
coupables	adj. m. pl. qual. *hommes*,
que	conj. lie 2. prop.,
soient	ver. subs. 4. c. irr. Subj. prés. 3. p. p. (t. s. d.),
les	art. s. m. pl. dét. *hommes*,
hommes,	subs. com. m. pl. suj. de *soient*,
Dieu	subs. pro. m. s. suj. de *pardonne*,
leur	pro. 3. pers. m. pl. rég. ind. de *pardonne*,
pardonne	ver. act. pris n. 1. c. régr. Ind. prés. 3. p. (t. s. p.),
pourvu que	loc. conj. lie 2. prop.,
ils	pro. 3. pers. m. pl. suj. de *repentent*
se	pro. 3 pers. m. pl. rég. dir. de *repentent*,
repentent	ver. ess. pron. act. 2. c. irr. Subj. prés. 3. p. p. (t. s. d.),
sincèrement.	adv. qual. *repentent*.

Douzième Analyse.

Notre oncle s'arroge de singulières prétentions sur deux maisons que je possède à Paris. — S'en désistera-t-il? — Je l'ignore. — Cela sied mal à son âge. — Combien cette maison se loue-t-elle? — Trois mille francs. — Une baisse s'est opérée sur les cotons. — Les chevaux se vendront bien. — Il a plu de deux heures jusqu'à quatre. — Il neigera au moins trois heures. — Je voudrais qu'il plût huit jours consécutifs. — D'où il suit que cette affaire ne se plaidera pas cette semaine-ci.

Notre	adj. pos. m. s. dét. *oncle,*
oncle	subs. com. m. s. suj. de *arroge,*
se	pro. 3. pers. m. s. rég. ind. de *arroge,*
arroge	ver. ess. pron. act. 1. c. irr. Ind. prés. 3. p. s. (t. s. p.),
de	adj. ind. f. pl. mod. *prétentions,*
singulières	adj. fém. pl. qual. *prétentions,*
prétentions	subs. com. f. pl. rég. dir. de *arroge,*
sur	prép. régit *maisons,*
deux	adj. num. card. f. pl. dét. *maisons,*
maisons	subs. com. f. pl. rég. de *sur,*
que	pro. rel. f. pl. rég. dir. de *possède,*
je	pro. 1. pers. m. s. suj. de *possède,*
possède	ver. act. 1. c. régr. Ind. prés. 1. p. s. (t. s. p.),
à	prép. régit *Paris,*
Paris.	subs. pro. m. s. rég. de *à.*
— *Se*	pro. 3. p. m. s. rég. dir. de *désistera,*
en	pro. 3. pers. f. pl. (de elles) rég. ind. de *désistera,*
désistera	ver. ess. pron. act. 1. c. régr. Ind. fut. abs. 3. p. s. (t. s. d.),
-t-	let. euph.,
il?	pro. 3. pers. m. s. suj. de *désistera?*
— *Je*	pro. 1. pers. m. s. suj. de *ignore,*
le	pro. dém. m. s. rég. dir. de *ignore,*
ignore.	ver. act. 1. c. régr. Ind. prés. 1. p. s. (t. s. p.)
— *Cela*	pro. dém. m. s. suj. de *sied,*
sied	ver. n. 3. c. irr. déf. Ind. prés. 3. p. s. (t. s. p.),
mal	adv. qual. *sied,*

à	prép. régit *âge,*
son	adj. pos. m. s. dét. *âge,*
âge.	subs. com. m. s. rég, de *à.*
— *Combien*	adv. de quan. qual. *se loue,*
cette	adj. dém. f. s. dét. *maison,*
maison	subs. com. f. s. suj. de *se loue,*
se loue	ver. pron. pas. 1. c. régr. Ind. prés. 3. p. s. (t. s. p.),
-t-	let. euph.,
elle ?	mot euph. ?
— *Trois mille*	adj. num. card. m. pl. dét. *francs,*
francs.	subs. com. m. pl. rég. de *pour* sous-ent.
— *Une*	adj. ind. f. s. mod. *baisse,*
baisse	subs. com. f. s. suj. de *s'est opérée,*
s'est opérée	ver. pron. pas. 1. c. régr. Ind. pas. ind. 3. p. f. s. (t. c.),
sur	prép. régit *cotons,*
les	art. s. m. pl. dét. *cotons,*
cotons.	subs. com. m. pl. rég. de *sur.*
— *Les*	art. s. m. pl. dét. *chevaux,*
chevaux	subs. com. m. pl. suj. de *se vendront,*
se vendront	ver. pron. pas. 4. c. régr. Ind. fut. abs. 3. p. pl. (t. s. d.),
bien.	adv. de quan. qual. *se vendront.*
— *Il a plu*	ver. impl. 3. c. irr. Ind. prés. (t. s. p.), *il* euph.,
de	prép. régit *heure,*
la	art. s. f. s. dét. *heure,*
deuxième	adj. num. ord. f. s. dét. *heure,*
heure	subs. com. f. s. rég. de *de,*
jusqu'à	prép. rég. *la 4e,*
la 4e.	adj. num. ord. f. s. pris subs. rég. de *jusqu'à.*

de deux heures jusqu'à quatre.

—*Il neigera*	ver. impl. 1. c. irr. Ind. fut. abs. (t. s. d.), *il* euph.,
au moins	adv. mod. *neigera,*
trois	adj. num. card. f. pl. dét. *heures,*
heures.	subs. com. f. pl. rég. de *pendant* sous-ent.
— *Je*	pro. 1. pers. m. s. suj. de *voudrais,*
voudrais	ver. act. pris n. 3. c. irr. Cond. prés. 1. p. s. (t. s. d.),
que	conj. lie 2 prop.,
il plût	ver. impl. 3. c. irr. Subj. imp. (t. s. d.), *il* euph.,
huit	adj. num. card. m. pl. dét. *jours,*
jours	subs. com. m. pl. rég. de *pendant* sous-ent.,
consécutifs.	adj. m. pl. dét. *jours.*
—*D'où (de cela)*	pro. dém. m. s. rég. ind. de *suit,*
il suit	ver. act. pris impl. 4. c. irr. [Ind. prés. (t. s. p.), *il* euph.,
que	conj. lie 2 prop.,
cette	adj. dém. f. s. dét. *affaire,*
affaire	subs. com. f. s. suj. de *se plaidera,*
ne pas	adv. de nég. mod. *se plaidera,*
se plaidera	ver. pron. pas. 1. c. rég. Ind. fut. abs. 3. p. s. (t. s. d.),
cette	adj. dém. f. s. dét. *semaine,*
semaine-ci.	subs. com. f. s. rég. de *dans* sous-ent, le mot *ci* ajoute à semaine l'idée de *présence.*

Treizième Analyse.

Qui résoudra ce problème ? — Moi. — Eugène, qui appelez-vous ? — Octave. — Rien de beau comme la vertu. — Qui obéit aux lois, est bon citoyen. — C'est un grand homme qui oublie les injustices de son pays.

Qui	pro. ind. m. s. suj. de *résoudra*,
résoudra	ver. act. 4. c. irr. Ind. fut. abs. 3. p. s. (t. s. d.),
ce	adj. dém. m. s. dét. *problême*,
problême ?	subs. com. m. s. rég. dir. de *résoudra ?*
— Moi,	pro. 1. pers. m. s. suj. de *résoudrai* sous-ent.
— Eugène,	subs. pro. m. s. mis en apos.,
qui	pr. ind. m. s. rég. dir. de *appelez,*
appelez-	ver. act. 1. c. irr. Ind. prés. 2. p. s. (t. s. p.),
vous ?	pro. 2. pers. m. s. suj. de *appelez ?*
— Octave.	subs. pro. m. s. rég. dir. de *j'appelle* sous-ent.
— Rien	pro. ind. m. s. suj. de *est* sous-ent.,
de	euph.,
beau	adj. m. s. qual. *rien,*
comme	conj. lie 2 prop,
la	art. s. fém. s. dét. *vertu,*
vertu.	subs. com. f. s. suj. de *est* sous-ent.
— Qui	pro. rel. m. s. suj. de *obéit,*
obéit	ver. n. 2. c. régr. Ind. prés. 3. p. s. (t. s. p.),
aux	art. comp. f. pl. régit et dét. *lois,*
lois,	subs. com. f. pl. rég. de *à* dans *aux,*

est	ver. subs. 3. c. irr. Ind. prés. 3. p. s. (t. s. p.) son suj. est *celui* sous-ent.,
bon	adj. m. s. qual. *citoyen,*
citoyen.	subs. com. m. s. pris adj. qual. *celui* sous-ent.
— Ce	pro. dém. m. s. (celui) suj. de *est,*
est	ver. subs. 4. c. irr. Ind. prés. 3. p. s. (t. s. p.),
un	adj. ind. m. s. mod. *grand-homme,*
grand homme,	subs. com. comp. m. s. pris adj. qual. *ce,*
qui	pro. rel. m. s. suj. de *oublie,*
oublie	ver. act. 1. c. rég. Ind. prés. 3. p. s. (t. s. p.),
les	art. s. f. pl. dét. *injustices,*
injustices	subs. com. f. plur. rég. dir. de *oublie,*
de	prép. régit *pays,*
son	adj. pos. m. s. dét. *pays,*
pays.	subs. com. col. m. s. rég. de *de.*

Quatorzième Analyse.

Peu importe qu'il acquière ces connaissances , s'il n'y joint des mœurs irréprochables. — Bonne ou mauvaise, sachons soumettre la fortune. — Vous importe-t-il moins qu'à moi de vider ce différend à l'amiable ? — Quoi qu'il ait fait, ne nous en plaignons pas. — M. le consul , s'il en est ainsi que vous l'affirmez, n'en parlons plus. — J'y consens.

Peu	adv. de quant. qual. *importe,*
importe	ver. impl. 1. c. régr. Ind. prés. (t. s. p.),

que	conj. lie 2 prop.,
il	pro. 3. pers. m. s. suj. de *acquière*,
acquière	ver. act. 2. c. irr. Subj. prés. 3. p. s. (t. s. d.),
ces	adj. dém. f. pl. dét. *connaissances*,
connaissances,	subs. com. f. pl. rég. dir. de *acquière*,
si	conj. lie 2 prop.,
il	pro. 3. pers. m. s. suj. de *joint*,
ne	adv. de nég. mod. *joint*,
y	pro. 3. pers. f. pl. rég. ind. de *joint*,
joint	ver. act. 4. c. irr, Ind. prés. 3. p. s. (t. s. p.),
des	adj. ind. f. pl. mod. *mœurs*,
mœurs	subs. com. f. pl. rég. dir. de *joint*,
irréprochables ?	adj. f. pl. qual. *mœurs ?*
— Bonne	adj. f. s. qual. *fortune*,
ou	conj. lie 2 prop.
mauvaise,	adj. f. s. qual. *fortune*.
sachons	ver. act. 3. c. irr. Impé. 1. p. p. (t. s. d.) son suj. est *nous* sous-ent.,
soumettre	ver. act. 4. c. irr. Inf. prés. (t. s. p.), rég. dir. de *sachons*,
la	art. s. f. s. dét. *fortune*,
fortune.	subs. com. f. s. rég. dir. de *soumettre*.
— Vous	pro. 2 pers. m. s. rég. ind. de *importe*,
importe-	ver. impl. 1. c. rég. Ind. prés. (t. s. p.),
t-	let. euph.,
il	mot euph.,
moins	adv. de quant. qual. *importe*.
que	conj. lie 2 prop.
à	prép. régit *moi*, } rég. ind. de
moi	pro. 1. pers. m. s. rég. de *à* } *importe*,

de	euph.,
vider	ver. act. 1. c. régr. Inf. prés. (t. s. p.), suj. de *importe*,
ce	adj. dém. m. s. dét. *différend*,
différend	subs. com. m. s. rég. dir. de *vider*,
à l'amiable?	loc. adv. qual. *vider ?*
— Quoi	pro. ind. m. s. rég. dir. de *ait dit*,
que	conj. lie 2 prop.,
il	pro. 3. p. m. s. suj. de *ait dit*,
ait dit	ver. act. 4. c. irr. Subj. pas. 3. p. s. (t. c.),
ne pas	adv. de nég. mod. *plaignons*,
nous	pro. 1. pers. m. pl. rég. dir. de *plaignons*,
en	pro. dém. m. s. rég. ind. de *plaignons*,
plaignons.	ver. act. acc. pron. 4. c. irr. Impé. 1. p. p. (t. s. d.), son suj. *nous* est sous-ent.
— M.	terme de politesse,
le	art. s. m. s. euph.,
consul,	subs. com. m. s. mis en apost.,
si	conj. lie 2 prop.,
il	pro. dém. m. s. (cela) suj. de *est*,
en	euph.,
est	ver. subs. 4. c. irr. Ind. prés. 3. p. s. (t. s. p.),
ainsi que	loc. conj. lie 2 prop.,
vous	pro. 2. pers. m. s. suj. de *affirmez*,
le.	pro. dém. m. s. (cela) rég. dir. de *affirmez*,
affirmez,	ver. act. 1. c. régr. Ind. prés. 2. p. s. (t. s. p.),
ne plus	adv. de nég. mod. *parlons*,
en	pro. dém. m. s. rég. ind. de *parlons*,
parlons.	ver. n. 1. c. régr. Impé. 1 p. p. (t. s. d.) *nous* son suj. est sous-ent.
— Je	pro. 1. pers. m. s. suj. de *consens*,
y	pro. dém. m. s. rég. ind. de *consens*,

5.

consens. ver. n. 2. c. irr. Ind. prés. 1. p. s. (t. s. p.).

Quinzième Analyse.

La ville où demeure notre famille, offre de grandes ressources. — D'où venez-vous, Thérèse? — Du dortoir. — Le livre d'où j'ai extrait ce passage, a été imprimé l'an 1783. — Où me cacher? — Ici. — Je ne le puis.

La	art. s. f. s. dét. *ville,*
ville	subs. com. f. s. suj. de *offre,*
où	pro. rel. f. s. rég. ind. de *demeure,*
demeure	ver. n. 1. c. régr. Ind. prés. 3. p. s. (t. s. p.),
notre	adj. pos. f. s. dét. *famille,*
famille,	subs. com. col. f. s. suj. de *demeure,*
offre	ver. act. 2. c. irr. Ind. prés. 3. p. s. (t.s.p.),
de	adj. ind. f. pl. mod. *ressources,*
grandes	adj. f. pl. qual. *ressources,*
ressources.	subs. com. f. pl. rég. dir. de *offre.*
— D'où	pro. ind. m. s. rég. ind. de *venez,*
venez-	ver. n. 2. c. irr. Ind. prés. 2. p. s. (t. s. p.),
vous,	pro. 2. pers. f. s. suj. de *venez,*
Thérèse?	subs. pro. f. s. mis en apos. ?
— Du	art. comp. m. s. régit et dét. *dortoir,*
dortoir.	subs. com. m. s. rég. de *de* dans *du.*
— Le	art. s. m. s. dét. *livre,*
livre	subs. com. m. s. suj. de *a été imprimé,*
d'où	pro. rel. m. s. rég. ind. de *ai extrait,*
je	pro. 1. pers. m. s. suj. de *ai extrait,*
ai extrait	ver. act. 4. c. irr. déf. Ind. pas. ind. 1. p. s. (t. c.),

ce	adj. dém. m. s. dét. *passage*,
passage	subs. com. m. s. rég. dir. de *ai extrait*,
a été imprimé	ver. pas. 1. c. régr. Ind. pas. ind. 3. p. m. s. (t. c.),
le	art. s. m. s. dét. *an*,
an	subs. com. m. s. rég. de *dans* sous-ent,
1783.	adj. num. ord. m. s. dét. *an*.
— *Où*	pro. ind. m. s. rég. ind. de *cacher*,
me	pro. 1. pers. m. s. rég. dir. de *cacher*,
cacher ?	ver. act. 1. c. régr. Inf. prés. (t. s. p.) rég. de *pourrai* sous-ent. ?
— *Ici.*	adv. de lieu dét. *cachez-vous* sous-ent.
— *Je*	pro. 1. pers. m. s. suj. de *puis*,
ne	adv. de nég. mod. *puis*,
le	pro. dém. m. s. rég. dir. de *faire* sous-ent.,
puis.	ver. n. 3. c irr. déf. Ind. prés. 1. p. s. (t. s. p.)

Seizième Analyse

Y a-t-il des officiers habiles dans ce régiment? — Oui, il en a beaucoup. — Le général en chef en fait grand cas. Il a mandé au ministre leur belle conduite, et le Roi en est déjà instruit. — Il y en a assez pour que les officiers supérieurs obtiennent de l'avancement.

Y	Euph.,
a	ver. impl. pour *sont* ver. subs. 4. c. irr. Ind. prés. 3. p. p. (t. s. d.),
-t-	euph.,
il	euph.,

des	adj. ind. m. pl. mod. *officiers,*
officiers	subs. com. m. pl. suj. de *sont,* (a),
habiles	adj. m. pl. qual. *officiers,*
dans	prép. régit *régiment,*
ce	adj. dém. m. s. dét. *régiment,*
régiment ?	subs. com. col. m. s. rég. de *dans ?*
— Oui ;	adv. d'affirmation,
il	euph.,
y	euph.,
en	pro. 3. pers. m. pl. (ils) suj. de *sont* (a),
a — sont	ver. subs. 4. conj. irr. Ind. prés. 3. p. p. (t. s. d.),
beaucoup ou plusieurs.	adj. ind. m. pl. mod. *en* ou *ils.*
— Le	art. s. m. s. dét. *général en chef,*
général en chef	subs. com. comp. m. s. suj. de *fait,*
en	pro. 3. pers. m. pl. (de eux) rég. ind. de *fait,*
fait	ver. act. 4. c. irr. Ind. prés. 3. p. s. (t. s. p.),
grand	adj. m. s. qual. *cas,*
cas	subs. com. m. s. rég. dir. de *fait.*
— Il	pro. 3. pers. m. s. suj. de *a mandé,*
a mandé	ver. act. 1. c. régr. Ind. pas.ind.3.p.s. (t.c.),
au	art. comp. m. s. régit et dét. *ministre,*
ministre	subs. com. m. s. rég. de *à* dans *au,*
leur	adj. pos. f. s. dét. *conduite,*
belle	adj. f. s. qual. *conduite,*
conduite,	subs. com. f. s. rég. dir. de *a mandé,*
et	conj. lie 2 prop.,
le	art. s. m. s. dét. *Roi,*
Roi	subs. pro. m. s. suj. de *est instruit,*
en	pro. 3. pers. f. s. (de elle) rég. ind. de *est instruit,*

est instruit	ver. pas. 4. c. irr. Ind. prés. 3. p. m. s. (t. c.),
déjà.	adv. de temps dét. *est instruit.*
— *Il*	euph.,
y	euph.,
en	pro. dém. m. s. (cela) suj. de *a* ou *est,*
a (est)	ver. subs. 4. c. irr. Ind. prés. 3. p. s. (t. s. p.),
assez	adv. de quan. pour *suffisant* adj. m. s qual. *en* ou *cela,*
pour que	loc. conj. lie 2 prop.,
les	art. s. m. pl. dét. *officiers,*
officiers	subs. com. m. pl. suj. de *obtiennent,*
supérieurs	adj. m. pl. qual. et dét. *officiers,*
obtiennent	ver. act. 2. c. irr. Subj. prés. 3. p. pl. (t. s. d.),
de le (quelque)	adj. ind. m. s. mod. *avancement,*
avancement.	subs. com. m. s. rég. dir. de *obtiennent.*

Dix-septième Analyse.

Qu'ils sont à plaindre ces orphelins ! — Y a-t-il rien de plus affreux que leur misère ! — Mon cœur en est profondément ému ; mais, hélas ! que ne puis-je les y arracher !

Que	adv. de quan. qual. *dignes,*
ils	pro. euph.,
sont	ver. subs. 4. c. irr. Ind. prés. 3. p. p. (t. s. d.),
dignes	adj. m. pl. qual. *orphelins.*
de	prép. régit *être plaints,*
être plaints	ver. pas. 4. c. irr. Inf. prés. (t. c.), rég. de *de,*

(à plaindre)

5.

ces	adj. dém. m. p. dét. *orphelins*,
orphelins !	subs. com. m. p. suj. de *sont !*
— *Y*	euph.,
(a) *est*	ver. subs. 4. c. irr. Ind. prés. 3. p. s. (t.s.p.)
-t-	euph.,
il	mot euph.,
rien	pro. ind. m. s. suj. de *est*,
de	mot euph.,
plus	adv. de quan. qual. *affreux*,
affreux	adj. m. s. qual. *rien*,
que	conj. lie 2 prop.,
leur	adj. f. s. dét. *misère*,
misère ?	subs. com. f. s. suj. de *est* sous-ent. ?
— *Mon*	adj. pos. m. s. dét. *cœur*,
cœur	subs. com. m. s. suj. de *est ému*,
en	pro. 3. p. f. s. (de elle) rég. ind. de *est ému*,
est ému	ver. pas. 3. c. irr. Ind. prés. 3. p.m.s. (t.c.),
profondément ;	adv. qual. *est ému* ;
mais,	conj. lie 2 prop.,
hélas !	interj.,
que	conj. lie 2 prop.,
ne	adv. de nég. mod. *puis*,
puis-	ver. n. 3. c. irr. déf. Ind. prés. 1. p.s. (t.s.p.),
je	pro. 1. p. m. s. suj. de *puis*,
les	pro. 3. p. m. pl. rég. dir. de *arracher*,
y	pro. 3. p. f. s. (à elle) rég. ind. de *arracher*,
arracher ?	ver. act. 1. c. régr. Inf. prés. (t. s. p.), rég. de *puis ?*

Dix-huitième Analyse.

Virginie, avez-vous des enfants ? — J'en ai eu

trois ; il ne m'en reste qu'un. — C'est un indiscret :
méfiez-vous-en.

Virginie,	subs, pro. f. s. en apos.,
avez-	ver. act. 3. c. irr. Ind. prés. 2. p. s. (t. s. p.),
vous	pro. 2. pers. f. s. suj. de *avez,*
des	adj. ind. m. pl. mod. *enfants ,*
enfants ?	subs. com. m. pl. rég. dir. de *avez ?*
— Je	pro. 1. pers. f. s. suj. de *ai eu,*
en	pro. dém. m. p. rég. dir. de *ai eu,*
ai eu	ver. act. 3. c. irr. Ind. pas. ind. 1. pers s. (t.c.),
trois ;	adj. num. card. m. pl. dét. *en, (enfants) ;*
il	euph.,
ne que	adv. de restriction (seulement) mod. *reste,*
me	pro. 1. pers. f. s. rég. ind. de *reste,*
en	pro. 3. pers. m. pl. rég. de *un,*
reste	ver. n. 1. c. régr. Ind. prés. 3. p. s. (t. s. p.),
un !	adj. num. card. m. s. pris subs. sujet de *reste.*
— Ce (il)	pro. 3. pers. m. s. suj. de *est,*
est	ver. subs. 4. c. irr. Ind. prés. 3. p. s. (t. s. p.),
un	adj. ind. m. s. mod. *indiscret,*
indiscret :	adj. m. s. qual. *ce :*
méfiez	ver. ess. pron. act. 1. c. régr. Impé. 2. p. s. (t. s. d.), son suj. *vous,* est sous-ent.,
-vous-	pro. 2. pers. m. s. rég. dir. de *méfiez,*
en.	pro. 3. pers. m. s. rég. ind. de *méfiez.*

Dix-neuvième Analyse.

Soustrayez quinze francs de trente-sept, que reste-t-il? — 22 francs. — Cet avocat a beaucoup de livres, je n'en ai pas autant. — Votre père vous en achètera d'autres. — Il est fou ce Cyrus. — Il semble que ce drôle de Diogène ait dit vrai.

Soustrayez	ver. act. 4. irr. déf. Impé. 2. p. s. (t. s. d.),
	son suj. est *vous* sous-ent.,
quinze	adj. num. card. m. pl. dét. *francs,*
francs	subs. com. m. pl. rég. dir. de *soustrayez,*
de	prép. régit *francs* sous-ent.,
trente-sept,	adj. num. card. m. pl. dét. *francs* sous-ent.,
que	pro. ind. m. s. suj. de *reste,*
reste	ver. n. 1. c. régr. Ind. prés. 3. p. s. (t. s. p.),
-t-	let. euph.,
il ?	mot euph. ?
— *22*	adj. num. card. m. pl. dét. *francs,*
francs.	subs. com. m. pl. suj. de *restent* sous-ent.
— *Cet*	adj. dém. m. s. dét. *avocat,* (t euph.),
avocat	subs. com. m. s. suj. de *a,*
a	ver. act. 3. c. irr. Ind. prés. 3. p. s. (t. s. p.),
des	adj. ind. m. pl. mod. *livres,*
livres	subs. com. pl. m. rég. dir. de *a,*
nombreux;	adj. m. pl. qual. *livres ;*
je	pro. 1. pers. m. s. suj. de *ai,*
ne pas	adv. de nég. mod. *autant* ou *aussi,*
en (les)	pro. 3. pers. m. pl. rég. dir. de *ai,*
ai	ver. act. 3. c. irr. Ind. prés. 1. p. s. (t. s. p.),
aussi	adv. de quant. qual. *nombreux,*
nombreux.	adj. m. pl. qual. *les.*

(*beaucoup de livres* accolade pour *des livres nombreux;*)

(*autant* accolade pour *aussi nombreux.*)

— *Votre*   adj. pos. m. s. dét. *père,*

père   subs. com. m. s. suj. de *achètera,*

vous   pro. 2. pers. m. s. rég. ind. de *achètera,*

en   pro. ind. m. pl. rég. dir. de *achètera,*

achètera   ver. act. 1. c. régr. Ind. fut. abs. 3. p. s. (t. s. d.),

d'autres   adj. ind. m. pl. mod. *en,* (*d'* euph).

> En, d'autres, signifient plusieurs autres livres.

— *Il*   pro. euph.,

est   ver. subs. 4. c. irr. Ind. prés. 3. p. s. (t. s. p.),

fou   adj. m. s. qual. *Cyrus,*

ce   adj. dém. m. s. dét. *Cyrus* (*ce* exprime ici le dédain),

Cyrus.   subs. pro. m. s. suj. de *est.*

— *Il*   pro. euph.,

semble   ver. n. impl. 1. c. régr. Ind. prés. (t.s.p.),

que   conj. lie 2. prop.,

ce   adj. dém. m. s. dét. *drôle,*

drôle   adj. m s. qual. *Diogène,*

de   euph.,

Diogène   subs. pro. m. s. suj. de *ait dit,*

ait dit   ver. act. 4. c. irr. Subj. pas. 3. p. s. (t.c.),

vrai.   subs. com. m. s. rég. dir. de *ait dit.*

> Ce et de ajoutent de l'énergie à la phrase.

Vingtième Analyse.

Par ce que nous lui avons entendu dire d'injurieux, nous jugeons qu'il s'est mal conduit envers ce magistrat, son bienfaiteur, ou qu'on lui en veut beaucoup. — Par ce que je l'entends dire d'injurieux contre son bienfaiteur, je l'appelle hypocrite et méchant. — Parce que cette dame salue des coquettes, est-ce à dire qu'elle soit coquette?

Par	Prép. régit *ce*,
ce	pro. dém. m. s. rég. de *par*,
que	pro. rel. m. s. rég. dir. de *dire*,
nous	pro. 1. pers. m. pl. suj. de *avons entendu*,
lui	pro. 3. pers. m. s. rég. ind. de *dire*,
avons entendu	ver. act. 4. c. régr. Ind. pas. ind. 1.p.p. (t.c),
dire	ver. act. 4. c. irr. Inf. prés. (t. s. p.) rég. dir. de *avons entendu*,
de	euph.,
injurieux,	adj. m. s. qual. *ce*,
nous	pro. 1. pers. m. pl. suj. de *jugeons*,
jugeons	ver. act. pris n. 1. c. irr. Ind. prés. 1. p. p. (t. s. d.),
que	conj. lie 2 prop.,
il	pro. 3. p. m. s. suj. de *a conduit*,
se	pro. 3. pers. m. s. rég. dir. de *a conduit*,
a conduit	ver. act. acc. pron. 4 c. irr. Ind. pas. ind. 3. pers. m. s. (t. c.),
mal	adv. qual. *a conduit*,
envers	prép. régit *magistrat*,
ce	adj. dém. m. s. dét. *magistrat*,
magistrat,	subs. com. m. s. rég. de *envers*,
son	adj. pos. m. s. dét. *bienfaiteur*,
bienfaiteur,	adj. m. s. qual. *magistrat*,
ou	conj. lie 2 prop.,
que	conj. lie 2 prop.,
on	pro. ind. m. s. suj. de *veut*,
lui	pro. 3. pers. m. s. rég ind. de *veut*.,

{ du mal	subs. com. m. s. ind. rég. dir. de *veut*.,
veut	verb. act. 3. c. irr. Ind. prés. 3. p. s. (t. s. p.),
beaucoup.	adv. de quan. qual. *veut*.
— Par	Prép. régit *ce*,
ce	pro. dém. m. s. rég. de *par*,
que	pro. rel. m. s. rég. dir. de *dire*,
je	pro. 1. pers. m. s. suj. de *entends*,
le	pro. 3. pers. m. s. rég. dir. de *entends*,
entends	ver. act. 4. c. rég. Ind. prés. 1. p. s. (t. s. p.),
dire	ver. act. 4. c. irr. Inf. prés. (disant) (t. s. p.), qual. *le*,
de	euph.,
injurieux	adj. m. s. qual. *ce*,
contre	prép. régit *bienfaiteur*,
son	adj. pos. m. s. dét. *bienfaiteur*,
bienfaiteur	subs. com. m. s. rég. de *contre*,
je	pro. 1. pers. m. s. suj. de *appelle*,
le	pro. 3. p. m. s. rég. dir. de *appelle*,
appelle	ver. act. 1. c. irr. Ind. prés. 1. p. s. (t. s. p.),
hypocrite	adj. m. s. qual. *le*,
et	conj. lie 2. prop.,
méchant.	adj. m. s. qual. *le*.
— Parce que	loc. conj. lie 2 prop.,
cette	adj. dém. f. s. dét. *dame*,
dame	subs. com. f. s. suj. de *salue*,
salue	ver. act. 1. c. régr. Ind. prés. 3. p. s. (t. s. p.),
des	adj. ind. f. pl. mod. *coquettes*,
coquettes	subs. com. f. pl. rég. dir. de *salue*,

est permis	ver. pas. impl. 4. c. irr. Ind. prés. (t. c.),
il	euph.,
de	euph.,
dire	ver. act. pris n. 4. c. irr. Inf. prés. (t. s. p.), suj. de *est permis*,

(à gauche : **est-ce à dire**)

que	conj. lie 2 prop.,
elle	pro. 3. pers. f. s. suj de *soit*,
soit	ver. subs. 4. c. irr. Subj. prés. 3. p. s. (t. s. d.),
coquette.	adj. f. s. qual. *elle*.

Vingt-et-unième Analyse.

Madame, trouvez-vous du talent à la jeune italienne que vous avez vue peindre mes enfants? — Beaucoup. — Les ouvriers que j'avais arrêtés pour toute la semiane, pourquoi les as-tu laissés partir aujourd'hui?

Madame,	subs. com. f. s. mis en apos. (par politesse pour *femme*),
trouvez-	ver. act. 1. c. régr. Ind. prés. 2. p. s. (t. s. p.),
vous	pro. 2. pers. f. s. suj. de *trouvez*,
du	adj. ind. m. s. mod. *talent*,
talent	subs. com. m. s. rég. dir. de *trouvez*,
à	prép. régit *italienne*,
la	art. s. f. s. dét. *italienne*,
jeune	adj. f. s. qual. *italienne*,
italienne	subs. com. f. s. rég. de *à*,
que	pro. rel. f. s. rég. dir. de *avez vue*,
vous	pro. 2. pers. f. s. suj. de *avez vue*,
avez vue	ver. act. 3. c. irr. Ind. pas. ind. 2. p. s. (t. c.),

peindre	ver. act. 4. c. irr. Inf. prés. (t. s. p.), (peignant) qual. *que*,
mes	adj. pos. m. p. dét. *enfants*,
enfants?	subs. com. m. p. rég. dir. de *peindre ?*
— un	adj. ind. m. s. mod. *talent* sous-ent.,
grand.	adj. m. s. qual. *talent* sous-ent.
— Les	art. s. m. p. dét. *ouvriers*,
ouvriers	subs. com. m. p. rég. dir. de *as laissés*,
que	pro. rel. m. pl. rég. dir. de *avais arrêtés*,
je	pro. 1. per. m. s. suj. de *avais arrêtés*,
avais arrêtés	ver. act. 1. c. régr. Ind. p.-q.-p. 1. p. s. (t. c.),
pour	prép. régit *semaine*,
toute	adj. f. s. dét. *semaine*,
la	art. s. f. s. dét. *semaine*,
semaine,	subs. com. f. s. rég. de *pour*,
pourquoi	conj. lie 2 prop.,
les	pro. 3. pers. m. p. (euphonique),
as laissés-	ver. act. 1. c. régr. Ind. pas. ind. 2. p. s. (t. c.),
tu	pro. 2. pers. m. s. suj. de *as laissés*,
partir	ver. n. 2. c. irr. Inf. prés. (t. s. p.) (partant) qual. *ouvriers*,
aujourd'hui?	adv. de temps dét. *partir ?*

(beaucoup)

Vingt-deuxième Analyse,

Que d'illustres sénateurs ce tyran n'a-t-il pas fait mourir !

Que {combien	adv. de quan. qual. *nombreux* et *illustres*,
de {nombreux	adj. m. pl. qual. *sénateurs*,
et	conj.,
illustres	adj. m. pl. qual. *sénateurs*,

sénateurs	subs. com. m. pl. rég. dir. de *a fait mourir*,
ce	adj. dém. m. s. dét. *tyran,*
tyran	subs. com. m. s. suj. de *a fait mourir*,
ne pas	adv. de nég.,
il-t-	mot et let. euph.,

a fait	⎧ ver. act. 4. c. irr. Ind. pas. ind. 3. p. s. (t. c.),	⎫ ces deux verbes ont ensemble une signification active et inséparable.
mourir !	⎩ ver. n. 2. c. irr. Inf. prés. (t. s. p.)	⎭

Vingt-troisième Anaylse.

Les obstacles *que* vous vous êtes imaginé *que* je vous avais suscités, c'est à votre collègue seul *qu'il* les faut imputer. — La modestie *que* tu feras paraître, te conciliera l'affection de tes égaux. — Quelle *qu'*elle soit, malheureux, n'oublie pas *que* c'est ta mère. — *C'*est une lâcheté *que* d'insulter une femme; mais sa mère.... c'est un crime.

Les	art. s. m. pl. dét. *obstacles,*
obstacles	subs. com. m. pl. rég. dir. de *imputer,*
que	pro. rel. m. pl. rég. dir. de *avais suscités,*
vous	pro. 2. pers. m. s. suj. de *avez imaginé,*
vous	pro. 2. pers. m. s. rég. ind. de *avez imaginé,*
avez imaginé	ver. n. acc. pron. 1. c. régr. Ind. pas. ind. 2. p. s. (t. c.),
que	conj. lie 2 prop.,
je	pro. 1. pers. m. s. suj. de *avais suscités,*
vous	pro. 2. pers. m. s. rég. ind. de *avais suscités,*

avais suscités, ver. act. 1. c. régr. Ind. p.-q.-p. 1. p. s.
(t. c.),

c'est ces 2 mots sont euph.,

à prép. régit *collègue,*

votre adj. pos. m. s. dét. *collègue,* ⎫ rég. ind.

collègue subs. com. m. s. rég. de *à,* ⎬ de

seul adj. m. s. dét. *collègue,* ⎭ *imputer,*

que mot euph.,

il euph.,

les pro. 3. m. pl. (euph.) rappelle *obstacles*
un peu éloigné,

faut. ver. impl. 3. c. irr. Ind. prés. (t. s. p.,

imputer. ver. act. 1. c. régr. Inf. prés. (t. s. p.),
suj. de *faut.*

— La art. s. f. s. dét. *modestie,*

modestie subs. com. f. s. suj. de *conciliera,*

que pro. rel. f. s. rég. dir. de *feras paraître,*

tu pro. 2. pers. m. s. suj. de *feras paraître,*

feras ⎧ ver. act. 4. c. irr. Ind. fut. abs. ⎫ ces 2 verbes
2. p. s. (t. s. d.), ⎪ ont une si-
⎨ ⎬ gnification
paraître, ⎪ ver. n. 4. c. irr. Inf. prés. (t. ⎪ active insé-
⎩ s. p.), ⎭ parable,

te pro. 2. pers. m. s. rég. ind. de *conciliera,*

conciliera ver. act. 1. c. régr. Ind. fut. abs. 3. p. s.
(t. s. d.),

la art s. f. s. dét. *affection,*

affection subs. com. f. s. rég. dir. de *conciliera,*

de prép. régit *égaux,*

tes adj. pos. m. pl. dét. *égaux,*

égaux. susb. com. m. pl. rég. de *de.*

— Quelle adj. ind. f. s. mod. *elle,*

que conj. lie 2 prop.,

elle	pro. 3. pers. f. s. suj. de *soit*,
soit,	ver. subs. 4. c. irr. Subj. prés. 3. p. s. (t. s. d.),
malheureux,	adj. pris subs. m. s. en apos.,
ne pas	adv. de nég. mod. *oublie*,
oublie	ver. act. pris n. 1. c. régr. Impé. 2. p. s. (t. s. d.), *tu* son suj. est sous-ent.,
que	conj. lie 2 prop.,
ce	pro. 3. pers. f. s. suj. de *est*,
est	ver. subs. 4. c. irr. Ind. prés. 3. p. s. (t. s. p.),
ta	adj. pos. f. s. dét. *mère*,
mère.	subs. pris adj. f. s. qual. *ce* (elle),
— Ce	euph.,
est	ver. subs. 4. c. irr. Ind. prés. 3. p. s. (t. s. p.),
une	adj. ind. f. s. mod. *lâcheté*,
lâcheté	subs. com. f. s. pris adj. qual. *insulter*,
que *de*	} euph.,
insulter	ver. act. 1. c. régr. Inf. prés. (t. s. p.) suj. de *est*,
une	adj. ind. f. s. mod. *femme*,
femme ;	subs. com. f. s. rég. dir. de *insulter*;
mais,	conj. lie 2 prop.,
sa	adj. pos. f. s. dét. *mère*,
mère.....	subs. com. f. s. rég. dir. de *insulter* sous-ent.,
ce	pro. dém. m. s. *(insulter)* suj. de *est*,
est	ver. subs. 4. c. irr. Ind. prés. 3. p. s. (t. s. p.),
un	adj. ind. m. s. mod. *crime*,

crime. subs. com. m. s. pris adj. qual. *ce,*

Vingt-quatrième Analyse.

Ces messieurs ne doutent pas qu'il ne vînt tantôt, si n'était l'accident arrivé hier au courrier. — On craint que le colonel ne meure de cette blessure. — Pas un de cette compagnie n'a péri, que je sache du moins.

Ces	adj. dém. m. pl. dét. *messieurs,*
messieurs	subs. com. m. pl. suj. de *doutent,*
ne pas	adv. de nég. mod. *doutent,*
doutent	ver. n. 1. c. régr. Ind. prés. 3. p .p. (t.'s. d.),
que	conj. lie 2 prop.,
il	pro. 3. pers. m. s. suj. de *vint,*
ne	euph.,
vînt	ver. n. 2. c. irr. Subj. imp. 3. p. s. (t. s. d.),
tantôt,	adv. de temps dét. *vint,*
si	conj. lie 2 prop.,
ne	adv. de nég. mod. *était arrivé,*
était arrivé	ver. n.1.c. régr. Ind. p.-q.-p. 3. p. m. s. (t.c.),
le	art. s. m. s. dét. *accident,*
accident	subs. com. m. s. suj. de *était arrivé,*
au	art. comp. m. s. régit et dét. *courrier,*
courrier.	subs. com. m. s. rég. de *à* dans *au.*
— On	pro. ind. m. s. suj. de *craint,*
craint	ver. act. pris n. 4. c. irr. Ind. prés. 3. p. s. (t. s. p.),
que	conj. lie 2 prop.,
le	art. s. m. s. dét. *colonel,*
colonel	subs. com. m. s. suj. de *meure,*

6.

ne	euph.,
meure	ver. n. 2. c. irr. Subj. prés. 3. p. s. (t. s. d.) ,
de	prép. régit *blessure,*
cette	adj. dém. f. s. dét. *blessure,*
blessure.	subs. com. f. s. rég. de *de.*

rég. ind. *de meure.*

— *Pas un*	adj. ind. m. s. mod. *soldat* sous-ent.,
de	prép. régit *compagnie,*
cette	adj. dém. f. s. dét. *compagnie,*
compagnie	subs. com. coll. f. s. rég. de *de,*
ne	adv. de nég. mod. *a péri,*
a péri,	ver. n. 2. c. régr. Ind. pas. ind. 3. p. s. (t. c.) son sujet est *soldat* sous-ent.,
que (le)	pro. dém. m. s. rég. dir. de *sache,*
je	pro. 1. pers. m. s. suj. de *sache,*
sache	ver. act. 3. c. irr. Subj. prés. (pour *sais*) 1. p. s. (t. s. d.),
du moins	adv. de restriction et de nég. mod. *sache.*

Vingt-cinquième Analyse.

Quel génie que Napoléon ! — Quelle perfidie que celle de Louis XI ! — Le singulier stratagème que celui dont Annibal se servit contre Eumène, roi de Pergame ! — Comme elles se sont évanouies rapidement les espérances de bonheur qu'avait rêvées ce jeune capitaine, quand soudain s'écroula la dynastie impériale !

— *Quel*	adj. m. s. qual. *génie,*
génie	subs. pris adj. m. s. qual. *Napoléon,*
que	euph.,
Napoléon !	subs. pro. m. s. suj. de *était* sous-ent. !

— *Quelle*　adj. f. s. qual. *perfidie,*

perfidie　subs. com. f. s. rég. dir. de *avait* sous-ent.,

que

celle　} cestrois mots euph. ajoutent ici de l'énergie,

de

Louis　subs. pro. m. s. suj. de *avait* sous-ent.,

XI !　adj. num. ord. m. s. dét. *Louis !*

— *Le*　art. s. m. s. dét. *stratagéme,*

singulier　adj. m. s. qual. *stratagéme,*

stratagéme　subs. com. m. s. rég. dir. de *voyez* sous-ent.,

que

celui　} mots euph.,

dont　pro. rel. m. s. rég. ind. de *servit,*

Annibal　subs. pro. m. s. suj. de *servit,*

se　pro. 3. pers. m. s. rég. dir. de *servit,*

servit　ver. act. acc. pron. irr. 2. c. Ind. pas. déf. 3. p. s. (t. s. p.),

contre　prép. régit *Eumène,*

Eumène,　subs. pro. m. s. rég. de *contre,*

roi　subs. com. m. s. pris adj. qual. *Eumène,*

de　prép. rég. *Pergame,*

Pergame !　subs. pro. m. s. (royaume d'Asie), rég. de *de !*

— *Comme*　conj. lie 2 prop. et adv. qual. *rapidement,*

elles　pro. 3. pers. f. p. euph.

se sont évanouies　ver. ess. pron. pas. 2. c. régr. Ind. pas. ind. 3. p. p. f. (t. c.),

rapidement　adv. qual. *se sont évanouies,*

les　art. s. f. pl. dét. *espérances,*

espérances　subs. com. f. pl. suj. de *se sont évanouies,*

de　prép. régit *bonheur,*

bonheur　subs. com. m. s. rég. de *de,*

que	pro. rel. f. pl. rég. dir. de *avait rêvées*,
avait rêvées	ver. act. 1. c. régr. Ind. p.-q.-p. 3. p. s. (t. c.),
ce	adj. dém. m. s. dét. *capitaine*,
jeune	adj. m. s. qual. *capitaine*,
capitaine,	subs. com. m. s. suj. de *avait rêvées*,
quand	conj. lie 2 prop.,
soudain	adv. qual. *s'écroula*,
s'écroula	ver. ess. pron. pas. 1. c. régr. Ind. pas. déf. 3. p. s. (t. s. p.),
la	art. s. f. s. dét. *dynastie*,
dynastie	subs. com. col. f. s. suj. de *s'écroula*,
impériale !	adj. fém. s. dét. *dynastie !*

Vingt-sixième Analyse.

Les fautes d'Homère n'ont jamais empêché qu'il *ne* fût sublime. — A quoi a-t-il tenu que ce drame *ne* se soit vendu six mille francs ? — Peu s'en fallut que les conjurés *ne* fussent découverts.

— *Les*	art. s. f. pl. dét. *fautes*,
fautes	subs. com. f. pl. suj. de *ont empêché*,
de	prép. régit *Homère*,
Homère	subs. pro. m. s. rég. de *de*,
ne	adv. de nég. mod. *empêcher*,
ont empêché	ver. act. pris n. 1. c. régr. Ind. pas. ind. 3. p. p. (t. c.),
jamais	adv. de temps mod. *empêcher*,
que	conj. lie 2 prop.,
il	pro. 3. pers. m. s. suj. de *fût*,
ne	euph.,

fût	ver. subs. 4. c. irr. Subj. imp. 3. p. s. (t. s. d.),
sublime.	adj. m. s. qual. *il* (Homère).
— *A*	prép. rég. *quoi*,
quoi	pro. ind. m. s. rég. de *à*
a-t-il tenu	ver. impl. 2. c. irr. Ind. pas. ind. (t. e.) (*il, t,* euph.),
que	conj. lie 2 prop.,
ce	adj. dém. m. s. dét. *drame*,
drame	subs. com. m. s. suj. de *se soit vendu*
ne	euph.,
se soit vendu	ver. pron. pas. 4. c. régr. Subj. pas. 3. p. s. m. (t. c.),
six mille	adj. num. card. m. pl. dét. *francs*,
francs ?	subs. com. m. pl. rég. de *pour* sous-ent.
— *Peu*	adv. de quan. qual. *s'en fallut*,
s'en fallut	ver. pron. impl. 3. c. irr. Ind. pas. déf. (t. s. p.) (*se, en,* euph.),
que	conj. lie 2 prop.,
les	art. s. m. pl. dét. *conjurés*,
conjurés	subs. com. m. pl. suj. de *fussent découverts*,
ne	euph.,
fussent découverts.	ver. pas. 2. c. irr. Subj. imp. 3. p. m. pl. (t. c.).

Vingt-septième Analyse.

Quand on a des défauts, il vaut encore mieux s'en corriger tard, que de ne s'en corriger jamais.

— *Quand*   conj. lie 2 prop.,

on	pro. ind. m. s. suj. de *a,*
a	ver. act. 3. c. irr. Ind. prés. 3. p. s. (t. s. p.),
des	adj. ind. m. pl. mod. *défauts,*
défauts,	subs. com. m. pl. rég. dir. de *a,*
il vaut	ver. impl. 3. c. irr. Ind. prés. (t. s. p.) (*il* euph.),
encore	adv. qual. *mieux,*
mieux	adv. qual. *vaut,*
se	pro. 3. p. m. s. (soi) rég. dir. de *corriger,*
en	pro. dém. m. pl. rég. ind. de *corriger,*
corriger	ver. act. 1. c. irr. Inf. prés. (t. s. p.) suj. de *vaut,*
tard,	adv. de temps qual. *corriger,*
que	conj. lie 2 prop.,
de	euph.,
ne	adv. de nég. mod. *corriger,*
se	pro. 3. pers. m. s. (soi) rég. dir. de *corriger,*
en	pro. dém. m. pl. rég. ind. de *corriger,*
corriger	ver. act. 1. c. irr. Inf. prés. (t. s. p.) suj. de *vaut* sous-ent.,
jamais	adv. de temps mod. *corriger.*

Vingt-huitième Analyse.

Ne craignez-vous pas, Joséphine, que ce ne soit moi qui me repente d'avoir adhéré à ces conditions? — Sera-ce nous qui paierons le capital et les intérêts? — Est-ce que c'est ton professeur qui te prêtera un violon? — Lequel des deux admirez-vous le plus, ou un roi qui donne une couronne, ou un prince qui la refuse? — Qui m'aime, me

suive. — Quiconque enfreindra la loi, sera convaincu
de trahison.

Ne pas	adv. de nég. mod. *craignez*,
craignez	ver. n. 4. c. irr. Ind. prés. 2. p. s.(t. s. p.),
-vous,	pro. 2. pers. f. s. suj. de *craignez*,
Joséphine,	subs. pro. f. s. mis en apos.,
que	conj. lie 2 prop.,
ce	euph.,
ne	euph.,
soit	euph.,
moi (je)	pro. 1. pers. m. s. suj. de *repente*,
qui	euph.,
me	pro. 1. pers. m. s. rég. dir. de *repente*,
repente	ver. ess. pron. act. 2. c. irr. Subj. prés. 1. p. s. (t. s. d.),
de	prép. régit *avoir adhéré*,
avoir adhéré	ver. n. 1. c. régr. Inf. pas. (t. c.) rég. de *de*,
à	prép. régit *conditions*,
ces	adj. dém. f. pl. dét. *conditions*,
conditions ?	subs. com. f. pl. rég. de *à* ?
— Sera-ce	ces 2 mots euph.,
nous	pro. 1. pers. m. pl. suj. de *paierons*,
qui	euph.,
paierons	ver. act. 1. c. régr. Ind. fut. abs. 1. p. p. (t. s. d.),
le	art. s. m. dét. *capital*,
capital	subs. com. m. s. rég. dir. de *paierons*,
et	conj. lie 2 prop.,
les	art. s. m. pl. dét. *intéréts*,
intéréts ?	subs. com. m. pl. rég. dir. de *paierons* ?

— Ton   adj. pos. m. s. dét. *professeur,*

professeur   subs. com. m. s. suj. de *est*

est-il   ver. subs. 4. c. irr. Ind. prés. 3. p. s. (t. s. p.) *il* euph.,

celui   pro. dém. m. s. attribut de *professeur,*

qui   pro. rel. à *celui,* m. s. suj. de *prêtera,*

te   pro. 2. pers. m. s. rég. ind. de *prêtera,*

prêtera   ver. act. 1. c. régr. Ind. fut. abs. 3. p. s. (t. s. d.),

un   adj. ind. m. s. mod. *violon,*

violon ?   subs. com. m. s. rég. dir. de *prêtera* ?

— Lequel (qui) pro. ind. m. s. rég. dir. de *admirez,*

des   art. com. m. pl. régit et dét. *hommes* sous-ent.,

deux   adj. num. card. m. pl. dét. *hommes* sous-ent.,

admirez   ver. act. 1. c. régr. Ind. prés. 2. p. p. (t. s. d.),

-vous   pro. 2. pers. m. pl. suj. de *admirez,*

le plus   adv. de quan. qual. *admirez (le* euph.),

ou   conj. lie 2 prop.,

un   adj. ind. m. s. mod. *roi,*

roi   subs. com. m. s. rég. dir. de *admirez,*

qui   pro. rel. m. s. suj. de *donne,*

donne   ver. act. 1. c. régr. Ind. prés. 3. p. s. (t. s. p.),

une   adj. ind. f. s. mod. *couronne,*

couronne,   subs. com. f. s. rég. dir. de *donne,*

ou   conj. lie 2 prop.,

un   adj. ind. m. s. mod. *prince,*

prince.   subs. com. m. s. rég. dir. de *admirez,*

qui   pro. rel. m. s. suj. de *refuse,*

(marge gauche : *Est-ce que c'est ton professeur qui, etc.*)

la	pro. 3. pers. f. s. rég. dir. de *refuse*,
refuse?	ver. act. 1. c. régr. Ind. prés. 3. p. s. (t. s. p.)?
— *Qui*	pro. rel. à *celui*. m. s. suj. de *aime*,
me	pro. 1. pers. m. s. rég. dir. de *aime*,
aime,	ver. act. 1. conj. régr. Ind. prés. 3. p. s. (t. s. p.),
me	pro. 1. pers. m. s. rég. dir. de *suive*,
suive.	ver. act. 4. c. irr. Subj. prés. 3. p. s. (t. s. d.) *celui* sous-ent. *est son sujet*.
— *Quiconque*	pro. ind. comp. m. s. suj. de *enfreindra*, et de *sera convaincu*,
enfreindra	ver. act. 4. c. irr. Ind. fut. abs. 3. p. s. (t. s. d.),
la	art. s. f. s. dét. *loi*,
loi,	subs. com. f. s. rég. dir. de *enfreindra*,
sera convaincu	ver. pas. 4. c. irr. Ind. fut. abs. 3. p. m. s. (t. c.),
de	prép. régit *trahison*,
trahison.	subs. com. f. s. rég. de *de*.

Vingt-neuvième Analyse.

Tout-à-coup retentit au loin comme le roulement
d'un char qui se précipite du haut d'une montagne
dans le fond d'un ravin, où il arrive brisé. —
Dussé-je encor m'attendre à de plus grands revers.
Je ne puis me résoudre à céder l'univers.

Tout-à-coup	adv. qual. *retentit*,
retentit	ver. n. 2. c. régr. Ind. prés. 3. p. s. (t. s. p.),
au loin	adv. de lieu dét. *retentit*,
comme	adv. (à-peu-près) mod. *retentit*,

7

le   art. s. m. s. dét. *roulement,*

roulement   subs. com. m. s. suj. de *retentit,*

de   prép. régit *char,*

un   adj. ind. m. s. mod. *char,*

char   subs. com. m. s. rég. de *de,*

qui   pro. rel. m. s. suj. de *précipite,*

se   pro. 3. pers. m. s. rég. dir. de *précipite,*

précipite   ver. act. acc. pron. 1. c. régr. Ind. prés. 3. p. s. (t. s. p.),

du   art. comp. m. s. régit et dét. *haut,*

haut   subs. com. m. s. rég. de *de* dans *du,*

de   prép. régit *montagne,*

une   adj. ind. f. s. mod. *montagne,*

montagne   subs. com. f. s. rég. de *de,*

dans   prép. régit *fond,*

le   art. s. m. s. dét. *fond,*

fond   subs. com. m. s. rég. de *dans,*

de   prép. régit *ravin,*

un   adj. ind. m. s. mod. *ravin,*

ravin,   subs. com. m. s. rég. de *de,*

où   pro. rel. m. s. rég. ind. de *arrive,*

il   pro. 3. pers. m. s. (char) suj. de *arrive,*

arrive   ver. n. 1. c. régr. Ind. prés. 3. p. s. (t. s. p.),

brisé.   ver. pas. 1. c. régr. Inf. part. pas. m. s. (t. s. p.) qual. *il.*

—*Quand* conj. lie 2 prop.,

je   pro. 1. pers. m. s. suj. de *devrais,*

devrais   ver. act. 3. c. irr. Cond. prés. 1. p. s. (t. s. d.),

encore   adv. de temps mod. *attendre,*

me   pro. 1. pers. m. s. rég. dir. de *attendre,*

attendre   ver. act. acc. pron. 4. c. régr. Inf. prés. (t. s. p.), rég. dir. de *devrais,*

à	prép. régit *revers,*
de	adj. ind. m. pl. mod. *revers,*
plus	adv. qual. *grands,*
grands	adj. m. pl. qual. *revers,*
revers,	subs. com. m. pl. rég. de *à,*
je	pro. 1. p. m. s. suj. de *puis,*
ne	adv. de nég. mod. *puis,*
puis	ver. n. 3. c. irr. déf. Ind. prés. 1. p. s. (t. s. p.),
me	pro. 1. p. m. s. rég. dir. de *résoudre,*
résoudre	ver. act. acc. pron. 4. c. irr. Inf. prés. (t. s. p.), rég. de *puis,*
à	prép. régit *céder,*
céder	ver. act. 1. c. régr. Inf. prés.(t. s. p.),rég. de *à,*
le	art. s. m. s. dét. *univers,*
univers.	subs. com. col. m. s. rég dir. de *céder.*

Trentième Analyse.

Ah ! puissent voir long-temps votre beauté sacrée tant d'amis sourds à mes adieux ! — Bourreau de votre fille, il ne vous reste enfin que d'en faire à sa mère un horrible festin. — Qu'oses-tu m'annoncer ? Ah ! je t'entends..... la mort !..... où suis-je ? un songe affreux...... Octavie !..... Agrippine !..... Britannicus !..... les voilà tous !... — Quel supplice nouveau !...

'Ah !	interj. !
puissent	ver. n. 3. c. irr. déf. Subj. prés. 3. p. p. (t. s. d.),
voir	ver. act. 3. c. irr. Inf. prés. (t. s. p.), rég. de *puissent,*

long-temps	adv. de temps qual. *voir*,
votre	adj. pos. f. s. dét. *beauté*,
beauté	subs. com. f. s. rég. dir. de *voir*,
sacrée	adj. f. s. qual. *beauté*,
de	adj. ind. m. pl. mod. *amis*,
si	adv. de quan. qual. *nombreux*,
nombreux	adj. m. pl. qual. *amis*,
amis	subs. com. m. pl. suj. de *puissent*,
sourds	adj. m. pl. qual. *amis*,
à	prép. régit *adieux*,
mes	adj. pos. m. pl. dét. *adieux*,
adieux !	subs. com. m. pl. rég. de *à !*
—*Bourreau*	subs. com. m. s. mis en apos.,
de	prép. régit *fille*,
votre	adj. pos. f. s. dét. *fille*,
fille,	subs. com. f. s. rég. de *de*,
il	euph.,
ne que	adv. pour seulement mod. *reste*,
vous	pro. 2. pers. m. s. rég. ind. de *reste*,
reste	ver. n. pris impl. 1. c. régr. Ind. prés. (t. s. p.),
enfin	adv. mod. *reste*,
de	euph.,
en	pro. 3. p. f. s. rég. ind. de *faire*,
faire	ver. act. 4. c. irr. Inf. prés. (t. s. p.), suj. de *reste*,
à	prép. régit *mère*,
sa	adj. pos. f. s. dét. *mère*,
mère	subs. com. f. s. rég. de *à*,
un	adj. ind. m. s. mod. *festin*,
horrible	adj. m. s. qual. *festin*,
festin.	subs. com. m. s. rég. dir. de *faire*.

tant de { *de* *si* *nombreux* }

—*Que*	pro. ind. m. s. rég. dir. de *annoncer,*
oses	ver. n. 1. c. régr. Ind. prés. 2. p. s. (t. s. p.),
tu	pro. 2. pers. f. s. suj. de *oses,*
me	pro. 1. pers. m. s. rég. ind. de *annoncer,*
annoncer ?	ver. act. 1. c. régr. Inf. prés. (t. s. p.), rég. de *oses ?*
Ah !	inter. !
je	pro. 1. pers. m. s. suj. de *entends,*
te	pro. 2. pers. f. s. rég. dir. de *entends,*
entends...	ver. act. 4. c. régr. Ind. prés. 1. p. s. (t. s. p.)........
la	art. s. f. s. dét. *mort,*
mort !.....	subs. com. f. s. rég. dir. de *tu m'annonces !.......*
où	pro. ind. m. s. rég. ind. d'un attribut sous-ent.,
suis-	ver. subs. 4. c. irr. Ind. prés. 1. p. s. (t. s. p.),
je ?	pro. 1. pers. m. s. suj. de *suis ?*
un	adj. ind. m. s. mod. *songe,*
songe	subs. com. m. s. suj. de *tourmente* sous-ent..
affreux...	adj. m. s. qual. *songe.....*
Octavie !...	subs. prop. f. s. mis en apos......
Agrippine !..	subs. prop. f. s. mis en apos....
Britannicus !..	subs. prop. m. s. mis en apos...
les	pro. 3. pers. m. pl. rég. de *voilà,*
voilà	prép. régit *les,*
tous !.	adj m. pl. dét. *les.....*
Quel	adj. ind. m. s. mod. *supplice,*
supplice	subs. com. m. s. rég. dir. de *j'endure* sous-ent.,
nouveau !...	adj. m. s. qual. *supplice !...*

7.

Trente-unième Analyse.

Autant d'ennemis son prédécesseur lui avait laissés, autant d'amis ce prince s'est faits par sa bienveillance sagement ménagée. — César avait autant de courage que Pompée; celui-ci avait peut-être plus d'ambition. — Sylla ne fut rien moins que républicain.

autant d'ennemis	*Aussi*	adv. de quant. qual. *nombreux*,
	nombreux	adj. m. pl. qual. *ennemis*,
	ennemis	subs. com. m. pl. rég. dir. de *avait laissés*,
	son	adj. pos. m. s. dét. *prédécesseur*,
	prédécesseur	subs. com. m. s. suj. de *avait laissés*,
	lui	pro. 3. pers. m. s. rég. ind. de *avait laissés*,
	avait laissés,	ver. act. 1. c. régr. Ind. p.-q.-p. 3. p. s. (t. c.),
autant d'amis	*aussi*	adv. de quan. qual. *nombreux*.
	nombreux	adj. m. pl. qnal. *amis*,
	amis	subs. com. m. pl. rég. dir. de *a faits*,
	ce	adj. dém. m. s. dét. *prince*,
	prince	subs. com. m. s. suj. de *a faits*,
	se	pro. 3. pers. m. s. rég. ind. de *a faits*,
	a faits	ver. act. acc. pron. 4. c. irr. Ind. pas. ind. 3. p. s. (t. c.),
	par	prép. régit *bienveillance*,
	sa	adj. pos. f. s. dét. *bienveillance*,
	bienveillance	subs. com. f. s. rég. de *par*,
	sagement	adv. qual. *ménagée*,
	ménagée.	ver. pas. 1. c. irr. Inf. part. pas. f. s. (t. s. p.), qual. *bieuveillance*.
	— *César*	subs. pro. m. s. suj. de *avait*,

	avait	ver. act. 3. c. irr. Ind. imp. 3. p.s.(t. s. d.),
	un	adj. ind. m. s. mod. *courage*,
	aussi	adv. de quan. qual. *grand*,
	grand	adj. m. s. qual. *courage*,
	courage	subs. com. m. s. rég. dir. de *avait*,
	que	conj. lie 2. prop.,
	Pompée,	subs. pro. m. s. suj. de *avait* sous-ent.,
	celui-ci	pro. dém. m. s. suj. de *avait*,
	avait	ver. act. 3. c. irr. Ind. imp. 3. p. s. (t. s. d.),
	peut-être	adv. de doute mod. *avait*,
	une	adj. ind. f. s. mod. *ambition*,
	plus	adv. de quan. qual. *grande*,
	grande	adj. f. s. qual. *ambition*,
	ambition.	subs. com. f. s. rég. dir. de *avait*.
	— Sylla	subs. pro. m. s. suj. de *était*,
	ne	adv. de nég.,
	était	ver. subs. 4. c. irr. Ind. imp. 3. p. s.(t.s.d.),
	rien	pro. ind. m. s. pris adj. qual. *Sylla*,
	moins	adv. de quan. qual. *rien*,
	que	conj. lie 2 prop.,
	républicain.	adj. m. s. qual. *Sylla*.

(accolade de gauche : « autant de courage »)
(accolade : « plus de » devant « une / plus / grande »)

Trente-deuxième Analyse.

Que de gloire Henri IV s'est acquise plus encore par sa bonté que par ses victoires ! — Ses deux passions dominantes étaient le jeu et l'amour. — Pour un béotien, Epaminondas avait beaucoup d'éloquence ; mais il n'en eût pas eu assez pour un orateur athénien. — Tant s'en faut que Pygmalion eût

des amis, qu'au contraire il était haï même de ses
courtisans.

que de	*Quelle*	adj. ind. f. s. mod. *gloire,*
	grande	adj. f. s. qual. *gloire,*
	gloire	subs. com. f. s. rég. dir. de *a acquise.*
	Henri	subs. pro. m. s. suj. de *a acquise,*
	IV	adj. num. ord. m. s. dét. *Henri,*
	se	pro. 3. pers. m. s. rég. ind. de *a acquise,*
	a acquise	ver. act. acc. pron. 2. c. irr. Ind. pas. ind. 3. p. s. (t. c.),
	plus	adv. de quan. qual. *a acquise,*
	encore	adv. de quan. qual. *plus,*
	par	prép. régit *bonté,*
	sa	adj. pos. f. s. dét. *bonté,*
	bonté	subs. com. f. s. rég. de *par,*
	que	conj. lie 2 prop.,
	par	prép. régit *victoires,*
	ses	adj. pos. f. 1. dét. *victoires,*
	victoires!	subs. com. f. pl. rég. de *par !*
	— Ses	adj. pos. f. pl. dét *passions,*
	deux	adj. num. card. f. pl. dét. *passions,*
	passions	subs. com. f. pl. pris adj. qual. *jeu et amour*
	dominantes	adj. f. pl. qual. *passions,*
	étaient	ver. subs. 4. c. irr. Ind. imp. 3. p. p. (t. s. d.),
	le	art. s. m. s. dét. *jeu,*
	jeu	subs. com. m. s. 1er suj. de *étaient,*
	et	conj. lie 2 prop.,
	le	art. s. m. s. dét. *amour,*
	amour.	subs. com. m. s. 2e suj. de *étaient.*
	— Pour	prép. régit *béotien,*
	un	adj. ind. m. s. mod. *béotien,*

béotien,	subs. com. m. s. rég. de *pour,*
Epaminondas	subs. pro. m. s. suj. de *avait,*
avait	ver. act. 3. c. irr. Ind.imp. 3. p. s.(t. s. d.),
une	adj. ind. f. s. mod. *éloquence,*
grande	adj. f. s. qual. *éloquence,*
éloquence ;	subs. com. f. s. rég. dir. de *avait ;*
mais	conj. lie 2 prop.,
il	pro. 3. pers. m. s. suj. de *eût eu,*
ne pas	adv. de nég. mod. *eût eu,*
en{ *la*	pro. 3. pers. f. s. rég. dir. de *eût eu,*
eût eu	ver. act. 3.c.irr. Cond.2ᵉ pas.3.p. s.(t. c.),
assez	adv. de quan. qual. *grande,*
grande	adj. f. s. qual. *la,*
pour	prép. régit *orateur,*
un	adj. ind. m. s. mod. *orateur,*
orateur	subs. com. m. s. rég. de *pour,*
athénien.	adj. m. s. dét. *orateur.*
— *Tant*	adv. de quan. qual. *faut,*
s'en faut	ver. impl. 3. c. irr. Ind. prés. (t. s. p.), (*se,* en euph.),
que	conj. lie 2 prop.,
Pygmalion	subs. pro. m. s. suj. de *eût,*
eût	ver. act. 3. c. irr. Subj.imp. 3.p. s.(t. s.d.),
des	adj. ind. m. pl. mod. *amis,*
amis	subs. com. m. pl. rég. dir. de *eût,*
que	conj. lie 2 prop.,
au contraire	loc. adv. mod. *était haï,*
il	pro. 3. pers. m. s. suj. de *éta ha,*
était haï	ver. pas. 2. c. irr. Ind. imp. 3.p.m.s. (t. c.),
même	adv. qual. *était haï,*
de	prép. régit *courtisans,*
ses	adj. pos. m. pl. dét. *courtisans,*

courtisans.   subs. com. m. pl. rég. de *de.*

Trente-troisième Analyse.

Le médecin affirme qu'il est impossible de sauver ce porte-faix, parce qu'il a avalé trop d'eau forte. — Que les enfants prennent moins de café : cela échauffe trop. — On a mis peu d'opium dans cette potion : le malade ne dormira guère.

Le	art. s. m. s. dét. *médecin,*
médecin	subs. com. m. s. suj. de *affirme,*
affirme	ver. act. pris n. 1. c. régr. Ind. prés. 3. p. s. (t. s. p.),
que	conj. lie 2 prop.,
il	euph.,
est	ver. subs. 4. c. irr. Ind. prés. 3. p. s. (t. s. p.),
impossible	adj. m. s. mod. *sauver,*
de	euph.,
sauver	ver. act. 1. c. régr. Inf. prés. (t.s.p.) suj. de *est,*
ce	adj. dém. m. s. dét. *porte-faix,*
porte-faix,	subs. com. comp. m. s. rég. dir. de *sauver,*
parce que	conj. lie 2 prop.,
il	pro. 3. per. m. s. suj. de *a avalé,*
a avalé	ver. act. 1. c. régr. Ind. pas. ind. 3. p. s. (t. c.),
de la	adj. ind. f. s. mod. *eau-forte,*
eau-forte	subs. com. comp. f. s. rég. dir. de *a avalé,*
en	prép. régit *quantité,*
trop	adv. qual. *grande,*
grande	adj. f. s. qual. *quantité,*
quantité.	subs. com. f. s. rég. de *en.*
— Que	conj. lie 2 prop.,

trop d'eau-forte

les	art. s. m. pl. dét. *enfants,*
enfants	subs. com. m. pl. suj. de *prennent,*
prennent	ver. act. 4. c.irr.Subj. prés. 3. p. p.(t. s. d.),
du	adj. ind. m. s. mod. *café,*
café	subs. com. m. s. rég. dir. de *prennent,*
en	prép. régit *quantité,*
moins	adv. qual. *grande,*
grande	adj. f. s. qual. *quantité,*
quantité :	subs. com. f. s. rég. de *en :*
cela	pro. dém. m. s. suj. de *échauffe,*
échauffe	ver. act. pris n. 1. c. régr. Ind. prés. 3. p. s. (t. s. p.),
trop.	adv. qual. *échauffe.*
— *On*	pro. ind. m. s. suj. de *a mis,*
a mis	ver. act. irr. 4. c. Ind.pas. ind. 3. p. s. (t. c.),
de le	adj. ind. m. s. mod. *opium,*
opium	subs. com. m. s. rég. dir. de *a mis,*
en	prép. régit *quantité,*
petite	adj. f. s. qual. *quantité,*
quantité	subs. com. f. s. rég. de *en,*
dans	prép. régit *potion,*
cette	adj. dém. f. s. dét. *potion,*
potion :	subs. com. f. s. rég. de *dans :*
le	art. s. m. s. dét. *malade,*
malade	adj. pris subs. com. m. s. suj. de *dormira,*
ne guère	adv. de quan. qual. *dormira,*
dormira.	ver. n. 2. c. irr. Ind. fut. abs.3. p. s. (t. s. d.)

Les accolades à gauche : *moins de café*, *peu d'opium*.

Trente-quatrième Analyse.

Qu'il s'en aille le traître ! — Quels sont ces élèves ?—Qui est cette dame ?—Gardez que ce tartufe

ne vous en impose. — Pauvreté n'est pas vice. — Pas de rose sans épines. — De vivandière qu'elle était, Catherine devint impératrice. — Aux armes, citoyens ! vive la liberté ! — Vivre libres ou mourir ! tel fut le serment que firent nos pères en 1790.

Que	conj. lie 2 prop.,
il	pro. euph.,
s'	pro. 3. pers. m. s. rég. dir. de *aille*,
en aille	ver. ess. pron. act. 1. c. irr. Subj. prés. 3. p. s. (t. s. d.) (*en* euph.),
le	art. s. m. s. dét. *traître*,
traître !	subs. com. m. s. suj. de *aille !*
— Quels	adj. ind. m. pl. mod. *élèves*,
sont	ver. subs. 4. c. irr. Ind. prés. 3. p. p. (t. s. d.),
ces	adj. dém. m. pl. dét. *élèves*,
élèves ?	subs. com. m. pl. suj. de *sont ?*
—Qui (quelle)	adj. ind. f. s. mod. *dame*,
est	ver. subs. 4. c. irr. Ind. prés. 3. p. s. (t. s. p.),
cette	adj. dém. f. s. dét. *dame*,
dame ?	subs. com. f. s. suj. de *est ?*
— Gardez	ver. act. acc. pron. 1. c. régr. Impé. 2. p. p. (son suj. est *vous* sous-ent., son rég. dir. *idem*),
que	conj. lie 2 prop.,
ce	adj. dém. m. s. dét. *tartufe*,
tartufe	subs. com. m. s. suj. de *impose*,
ne	euph.,
vous	pro. 2. pers. m. pl. rég. ind. de *impose*,
en	mot euph. qui ajoute ici à la sign. de *impose* une idée de mensonge,
impose.	ver. n. 1. c. régr. Subj. prés. 3. p. s. (t. d.)

— *Pauvreté* subs. com. f. s. sujet de *est*,

   ne pas adv. de nég. mod. *vice*,

   est ver. subs. 4. c. irr. Ind.prés.3.p.s. (t. s. p.),

   vice. subs. com. m. s. pris adj. qual. *pauvreté*.

— *Pas de (nulle)* adj. ind. f. s. mod. *rose*,

   rose subs. com. f. s. suj. de *est* sous-ent.,

   sans prép. régit *épines*,

   épines. subs. com. f. pl. rég. de *sans*.

   — *De* euph.,

   vivandière adj. f. s. qual. *elle*, ⎱ *de que* exprime

   que euph., ⎰ ici le mot *avant*,

   elle pro. 3. p. f. s. suj. de *était*,

   était, ver.subs. 4. c.irr.Ind.imp. 3. p. s. (t. s. d.),

   Catherine subs. pro. f. s. suj. de *devint*,

   devint ver. n. 2. c. irr. Ind. pas. déf. 3. p. s. (t. s. p.),

   impératrice. adj. f. s. qual. *Catherine*.

   — *Aux* art. comp.f.p.régit et dét.*armes*, ⎱ rég ind.de

   armes, subs. com. f. pl. rég. de *à* dans ⎰ *courez* *aux*, sous-ent.

   citoyens ! subs. com. m. pl. mis en apos. !

   vive ver. n. 4. c. irr. Subj. prés. 3. p. s. (t. s. d.),

   la art. s. f. s. dét. *liberté*,

   liberté ! subs. com. f. s. suj. de *vive !*

   — *Vivre* ver. n. 4. c. irr. Inf. prés. (t. s. p.), rég. ind. de *jurons* sous-ent.,

   libres adj. m. pl. qual. *nous* sous-ent.,

   ou conj. lie 2. prop.,

   mourir ! ver. n. 2. c. irr. Inf. prés. (t. s. p.) rég. ind. de *jurons !*

   tel adj. dém. m. s. dét. *serment*,

8

fut	ver. subs. 4. c. irr. Ind. pas. déf. 3. p. s (t. s. p.),
le	art. s. m. s. dét. *serment,*
serment	subs. com. m. s. suj. de *fut,*
que	pro. rel. m. s. rég. dir. de *firent,*
firent	ver. act. 4.c.irr.Ind.pas.déf.3.p.p. (t. s. p.)
nos	adj. pos. m. pl. dét. *pères,*
pères	subs. com. m. pl. suj. de *firent,*
en	prép. régit *an* sous-ent.,
1790.	adj. num. ord. m. s. dét. *an.*

Trente-cinquième Analyse.

Absent, je le vois; absent, je l'entends. — Ci-gî ma femme, Dieu! qu'elle est bien pour son repos e le mien! — C'en est fait, amis, nous somme trahis! — Eh bien! à quoi bon nous plaindr comme des femmes? — Du courage! l'image de l mort vous effraie-t-elle?

Absent,	adj. m. s. qual. *le,*
je	pro. 1. pers. m. s. suj. de *vois,*
le	pro. 3. pers. m. s. rég. dir. de *vois,*
vois ;	ver. act. 3. conj. irr. Ind. prés. 1. p. s. (s. p.),
absent,	adj. m. s. qual. *le,*
je	pro. 1. pers. m. s. suj. de *entends,*
le	pro. 3. pers. m. s. rég. dir. de *entends,*
entends.	ver. act. 4. conj. régr. Ind. prés. 1. p. (t. s. p.),
— Ci-	adv. de lieu dét. *gît,*

gît	ver. n. irr. déf. 2. c. Ind. prés. 3. p. s.(t. s. p.),
ma	adj. pos. f. s. dét. *femme*,
femme,	subs. com. f. s. suj. de *gît*,
Dieu !	interj.!
que	adv. de quan. qual. *bien*,
elle	pro. 3. pers. f. s. suj. de *est*,
est	ver. subs. 4. c. irr. Ind.prés.3.p. s.(t.s.p.),
bien	adv. de quan. qual. *placée*, sous-ent.,
pour	prép. régit *repos*,
son	adj. pos. m. s. dét. *repos*,
repos	subs. com. m. s. rég. de *pour*,
et	conj. lie 2 prop.,
le mien !	pro. pos. m. s. rég. de *pour !*
— Ce	pro. dém. m. s. suj. de *est fait*,
en	éuph.,
est fait(est fini),	ver. pas. 4. c. irr. Ind. prés. 3. p. s. (t. c.),
amis ;	subs. com. m. pl. en apos. ;
nous	pro. 1. pers. m. pl. suj. de *sommes trahis,*
sommes trahis !	ver. pas. 2. c.régr.Ind.prés.1.p.m.p.(t.c.!
— Eh bien !	inter.!
à	prép. régit *quoi*,
quoi	pro. ind. m. s. rég. de *à*,
bon	adj. m. s. qual. *plaindre*,
nous	pro. 1. pers. m. pl. rég. dir. de *plaindre*,
plaindre	ver. act. 4. c. irr. Inf.prés. (t.s.p.) suj. de *est* sous-ent.,
comme	conj. lié 2 prop.,
des	adj. ind. f. pl. mod. *femmes*,
femmes?	subs.com.f.pl.suj.de *se plaignent* sous-ent.?
— Du	adj. ind. m. s. mod. *courage*,

courage !	subs. com. m. s. rég. dir. de *montrons* sous-ent.!
la	art. s. f. s. dét. *image,*
image	snbs. com. f. s. suj. de *effraie,*
de	prép. régit *mort,*
la	art. s. f. s. dét. *mort,*
mort	subs. com. f. s. rég. de *de,*
vous	pro. 2. pers. m. pl. rég. dir. de *effraie,*
effraie	ver. act. 1. c. régr. Ind. prés.3.p.s.(t.s.p.),
-t-	let. euph.,
elle ?	mot euph. ?

Trente-sixième Analyse.

Et l'inclination jamais n'a démenti ce sang qui t'avait fait du contraire parti. —Autant que tu l'as pu, les effets l'ont suivie; je ne m'en suis vengé qu'en te donnant la vie. — Mais, ce qu'on ne pourrait jamais s'imaginer, Cinna, tu t'en souviens, et veux m'assassiner ?

Et	conj. lie 2 prop.,
la	art. s. f. s. dét. *inclination,*
inclination	subs. com. f. s. suj. de *a démenti,*
jamais	adv. de temps mod. *a démenti,*
ne	adv. de nég.
a démenti	ver. act. 2. c. irr. Ind. pas. ind. 3. p. s. (t. c.),
ce	adj. dém. m. s. dét. *sang,*
sang	subs. com. m. s. rég. dir. de *a démenti,*
qui	pro. rel. m. s. suj. de *avait fait,*
te	pro. 2. pers. m. s. rég. dir. de *avait fait,*

avait fait	ver. act. 4. c. irr. Ind. p.-q.-p. 3. p. s. (t. c.),
du	art. comp. m. s. régit et dét. *parti*,
contraire	adj. m. s. dét. *parti*,
parti.	subs. com. coll. m. s. rég. de *de* dans *du*.
—*Autant*	adv. de quan. qual. *ont suivie*,
que	conj. lie 2 prop.,
tu	pro. 2. pers. m. s. suj. de *as pu*,
le	pro. dém. m. s. rég. dir. de *faire* sous-ent.,
as pu,	ver. n. 3. c. irr. déf. Ind. pas. ind. 2. p. s. (t. c.),
les	art. s. m. pl. dét. *effets*,
effets	subs. com. m. pl. suj. de *ont suivie*,
la	pro. 3. pers. f. s. rég. dir. de *ont suivie*,
ont suivie ;	ver. act. 4. c. irr. Ind. pas. ind. 3. p. s. (t. c.);
je	pro. 1. pers. m. s. suj. de *ai vengé*,
me	pro. 1. pers. m. s. rég. dir. de *ai vengé*,
en	pro. dém. m. s. (de cela) rég. ind. de *ai vengé*,
ai vengé	ver. act. acc. pron. 1. c. irr. Ind. pas. ind. 1. p. s. (t. c.),
ne que (seulement)	adv. mod. *ai vengé*,
en	prép. régit *donnant*,
te	pro. 2. p. m. s. rég. ind. de *donnant*,
donnant	ver. act. 1. c régr. Inf. part. prés. rég. de *en*,
la	art. s. f. s. dét. *vie*,
vie.	subs. com. f. s. rég. dir. de *donnant*.
— *Mais*	conj. lie 2 prop.,
ce	pro. dém. m. s. rég. de *voici* sous-ent.,
que	pro. rel. m. s. rég. dir. de *imaginer*,

on	pro. ind. m. s. suj. de *pourrait,*
ne jamais	adv. de nég. et de temps mod. *imaginer,*
pourrait	ver. n. 3. c. irr. déf. Cond. prés. 3. p. s. (t. s. d.),
se	pro. 3. p. m. s. rég. ind. de *imaginer,*
imaginer,	ver. act. 1. c. régr. Inf. prés. (t. s. p.), rég. de *pourrait,*
Cinna,	subs. pro. m. s. mis en apos.,
tu	pro. 2. pers. m. s. suj. de *souviens,*
te	pro. 2. pers. m. s. rég. dir. de *souviens,*
en	pro. dém. m. s. (de cela) rég. ind. de *souviens,*
souviens,	ver. ess. pron. act. 2. c. irr. Ind. prés. 2. p. s. (t. s. p.),
et	conj. lie 2 prop.,
veux	ver. act. 3. c. irr. Ind. prés. 2. p. s. (t. s. p.) (*tu* suj. est sous-ent.,
me	pro. 1. pers. m. s. rég. dir. de *assassiner,*
assassiner !	ver. act. 1. c. régr. Inf. prés. (t.s.p.) rég. dir. de *veux !*

Trente-septième Analyse.

Est-ce à vous, jeune-homme, de me reprendre ?
et depuis quand tant d'arrogance ? — N'est-il pas
temps que votre ridicule plaisanterie ait un terme ? —
Vieillard téméraire, si n'étaient les rides qui cou-
vrent ton front, je te.....

Est-ce {	*Appartient-*	ver. subs. 4. c. irr. Ind. prés. 3. p. s. (t. s. p.),
	il	euph.,

à	prép. régit *vous,*
vous,	pro. 2. pers. m. s. rég. de *à,*
jeune-homme,	subs. com. comp. m. s. en apos.,
de	euph.,
me	pro. 1. pers. m. s. rég. dir. de *reprendre,*
reprendre ?	ver. act. 4. c. irr. Inf. prés. (t. s. p.), suj. de *est ?*
et	conj. lie 2 prop.,
depuis quand	loc. conj. *id.,*

tant de

une	adj. ind. f. s. mod. *arrogance,*
si	adv. de quan. qual. *grande,*
grande	adj. f. s. qual. *arrogance,*
arrogance ?	subs. com. f. s. rég. dir. de *avez* sous-ent.?

Ne convient-il pas

— *Ne pas*	adv. de nég.,
est	ver. subs. 4. c. irr. Ind. prés. 3. p. s. (t. s. p.),
il (cela)	pro. dém. m. s. suj. de *est,*
temps	subs. com. m. s. pris adj. qual. *il* (cela),
que	conj. lie 2 prop.,
votre	adj. pos. f. s. dét. *plaisanterie,*
ridicule	adj. f. s. qual. *plaisanterie,*
plaisanterie	subs. com. f. s. suj. de *ait,*
ait	ver act. 3. c. irr. Subj. prés. 3. p. s. (t. s. d.),
un	adj. ind. m. s. mod. *terme,*
terme ?	subs. com. m. s. rég. dir. de *ait ?*
— *Vieillard*	subs. com. m. s. en apos.,
téméraire,	adj. m. s. qual. *vieillard,*
si	conj. lie 2 prop.
ne	adv. de nég. mod. *respectées* sous-ent.,

étaient	ver. subs. 4. c. irr. Ind. imp. 3. p. p. (t. s. d.),
les	art. s. f. pl. dét. *rides,*
rides	subs. com. f. pl. suj. de *étaient,*
qui	pro. rel. f. pl. suj. de *couvrent,*
couvrent	ver. act. 2. c. irr. Ind. prés. 3. p. p. (t. s. d.),
ton	adj. pos. m. s. dét. *front,*
front,	subs. com. m. s. rég. dir. de *couvrent,*
je	pro. 1. pers. m. s. suj. d'un verbe au Cond. prés. sous-ent.,
te...	pro. 2. pers. m. s. rég. dir. de ce verbe...

Trente-huitième Analyse.

Oui, messieurs, que ces infâmes traités soient brisés : il y va de l'honneur de la France ! — Que vient-on nous parler sans cesse de loyauté, de bonne foi ? de la fidélité entre l'opprimé et le puissant ! D'un côté c'est la force ; de l'autre, la faiblesse ; voilà ce qu'ils nomment bonne foi !

Oui,	adv. d'affirmation,
messieurs,	subs. com. m. pl. en apos.,
que	conj. lie 2 prop., la 1e est sous-ent.,
ces	adj. dém. m. pl. dét. *traités,*
infâmes	adj. m. pl. qual. *traités,*
traités	subs. com. m. plur. suj. de *soient brisés,*
soient brisés :	ver. pas. 1. c. régr. Subj. prés. 3. p. p m. (t. c.),
il	euph.,
y	euph.,

va	ver. n. impl. 1. c. irr. Ind. prés. (t. s. p.),
de	prép. régit *honneur,*
le	art. s. m. s. dét. *honneur,*
honneur	subs. com. m. s. rég. de *de,*
de	prép. régit *France,*
la	art. s. f. s. dét. *France,*
France !	subs. pro. f. s. rég. de *de !*
— *Que*	conj. lie 2 prop.,
vient-	ver. n. 2. c. irr. Ind. prés. 3. p. s. (t. s. p.),
on	pro. ind. m. s. suj. de *vient,*
nous	pro. 1. pers. m. pl. rég. ind. de *parler,*
parler	ver. n. 1. c. régr. Inf. prés. (t. s. p.), rég. de *vient,*
sans cesse	loc. adv. qual. *parler,*
de	prép. régit *loyauté,*
loyauté,	subs. com. f. s. rég. de *de,*
de	prép. régit *foi,*
bonne	adj. f. s. qual. *foi,*
foi ?	subs. com. f. s. rég. de *de ?*
de la	adj. ind. f. s. mod. *fidélité,*
fidélité	subs. com. f. s. rég. dir. de *voulez* sous-ent.,
entre	prép. régit *opprimé* et *puissant,*
le	art. s. m. s. dét. *opprimé,*
opprimé	subs. com. m. s. rég. de *entre,*
et	conj. lie 2 prop.,
le	art. s. m. s. dét. *puissant,*
puissant !	subs. com. m. s. rég. de *entre !*
d'un côté	loc. adv. dét. un attribut sous-ent.,
ce	pro. 3. pers. f. s. (fidélité) suj. de *est,*
est	ver. subs. 4. c. irr. Ind. prés. 3. p. s. (t. s. p.),

rég. ind.
de
parler ?

la	art. s. f. s. dét. *force,*
force,	subs. com. f. s. pris adj. qual. *ce* (fidélité),
de l'autre } *côté*	loc. adv. dét. le même attribut sous-ent. ,
la	art. s. f. s. dét. *faiblesse,*
faiblesse;	subs com. f. s. pris adj. qual. *ce* (fidélité);
voilà	prép. régit *ce,*
ce	pro. dém. m. s. rég. de *voilà,*
que	pro. rel. m. s. rég. dir. de *nomment,*
ils	pro. 3. p. m. pl. suj. de *nomment,*
nomment	ver. act. 1. c. régr. Ind. prés. 3. p. p. (t. s. d.),
bonne foi !	subs. com. comp. f. s. pris adj. qual. *que !*

Trente-neuvième Analyse.

Une foule d'ouvriers ont formé, dit-on, une coalition pour faire cesser tous les travaux. — La police en a arrêté quelques-uns; ce sont les plus mutins. — Le tribunal les a jugés hier, et en a condamné huit à six mois de prison. — L'affaire s'est enfin arrangée entre les autres et les entrepreneurs. — Tant mieux ! car chacun y gagnera.

une foule de { *plusieurs*	adj. ind. m. pl. mod. *ouvriers,*
ouvriers	subs. com. m. pl. suj. de *ont formé,*
ont formé,	ver. act. 1. c. régr. Ind. pas. ind. 3. p. p. (t. c.),
dit	ver. n. 4. c. irr. Ind. prés. 3. p. s. (t. s. p.),
-on,	pro. ind. m. s. suj. de *dit,*
une	adj. ind. f. s. dét. *coalition,*

coalition   subs. com. f. s. rég. dir. de *ont formé,*

pour   prép. régit *faire cesser,*

faire   { ver. act. 4. c. irr. Inf. prés. } rég. de *pour,*
   (t. s. p.),   ces 2 verbes

cesser   } ver. act. 1. c. irr. Inf. prés. { ont une signi. active
   (t. s. p.),   inséparable,

tous   adj. ind. m. pl. mod. *travaux,*

les   art. s. m. pl. dét. *travaux,*

travaux.   subs. com. m. pl. rég. dir. de *faire cesser.*

— La   art. s. f. s. dét. *police,*

police   subs. com. col. f. s. suj. de *a arrêté,*

en   pro.3.pers.m.pl.rég.ind.de*quelques-uns,*

a arrêté   ver. act. 1. c. régr. Ind. pas. ind. 3. p. s.
   (t. c.),

quelques-uns ;   pro. ind. m. pl. rég. dir. de *a arrêté,*

ce   pro. 3. pers. m. pl. suj. de *sont,*

sont   ver. subs. 4. c. irr. Ind. prés. 3. p. pl. (t.
   s. d.),

les   art. s. m. pl. dét. *ouvriers* sous-ent.,

plus   adv. de quan. qual. *mutins,*

mutins.   adj. m. pl. qual. *ouvriers* sous-ent.

— Le   art. s. m. s. dét. *tribunal,*

tribunal   subs. com. col. m. s. suj. de *a jugés,*

les   pro. 3. pers. m. pl. rég. dir. de *a jugés,*

a jugés   ver. act. 1. c. irr. Ind. pas. ind. 3. p. s.
   (t. c.),

hier,   adv. de temps dét. *a jugés,*

et   conj. lie 2 prop.,

en   pro. 3. p. m. pl. rég. ind. de *huit,*

a condamné   ver. act. 1. c. régr. Ind. pas. ind. 3. p. s.
   (t. c.),

huit	adj. num. card. m. pl. pris subs. rég. dir. de *a condamné*,
à	prép. régit *mois*,
six	adj. num. card. m. pl. dét. *mois*,
mois	subs. com. m. pl. rég. de *à*,
de	prép. régit *prison*,
prison.	subs. com. f. s. rég. de *de*.
— *La*	art. s. f. s. dét. *affaire*,
affaire	subs. com. f. s. suj. de *s'est arrangée*,
enfin	adv. mod. *s'est arrangée*,
s'est arrangée	ver. pron. pas. 1. c. irr. Ind. pas. ind. 3. p. s. f. (t. c.),
entre	prép. régit *les autres et entrepreneurs*,
les autres	pro. ind. m. pl. rég. de *entre*,
et	conj. lie 2 pro.
les	art. s. m. pl. dét. *entrepreneurs*,
entrepreneurs.	subs. com. m. pl. rég. de *entre*.
— *Tant mieux !*	loc. adv., ici interj. !
car	conj. lie 2 prop.,
chacun	pro. ind. m. s. suj. de *gagnera*,
y	pro. dém. m. s. (à cela) rég. ind. de *gagnera*,
gagnera	ver. n. 1. c. régr. Ind. fut. abs. 3. p. s. (t. s. d.),

Quarantième Analyse,

Qu'il meure et sa gloire avec lui ! — Lève-toi à 4 heures, et pars à 6 h. — C'est être heureux que de se contenter du nécessaire. — Non, rien de superflu ! — Huissier, faites comparaître les témoins. — A l'assassin ! — Au voleur ! au secours ! — Il s'agit de ma réputation. — Qu'on sévisse contre les accapareurs ; ce sont des misérables qui font hausser les denrées ! — Scélératesse que tout ceci.

— *Que*	conj. lie 2 prop.,
il	pro. 3. pers. m. s. suj. de *meure*,
meure	ver. n. 2. c. irr. Subj. prés. 3. p. s. (t. s. d.),
et	conj. lie 2 prop.,
sa	adj. pos. f. s. dét. *gloire*,
gloire	subs. com. f. s. suj. de *meure* sous-ent.,
avec	prép. régit *lui*,
lui !	pro. 3. pers. m. s. rég. de *avec !*
— *Lève-*	ver. act. acc. pron. 1. c. régr. Impé. 2. p. s. (t. s. d.) *tu* son suj. est sous-ent.,
toi	pro. 2. pers. m. s. rég. dir. de *lève*,
à	prép. régit *heure*,
la	art. s. f. s. dét. *heure*,
*4*e	adj. num. ord. f. s. dét. *heure*,
heure,	subs. com. f. s. rég. de *à*,
et	conj. lie 2 prop.,
pars	ver. n. 2. c. irr. Impé. 2 p. s. (t. s. d.), son suj. est *tu* sous-ent.,
à	prép. régit *la 6*e,
*la 6*e,	adj. num. ord. f. s. pris subs. rég. de *à*.
— *Ce*	pro. euph.,
est	ver. subs. 4. c. irr. Ind. prés. 3. p. s. (t. s. p.),
être (vivre)	ver. n. 4. c. irr. Inf. prés. (t. s. p.) pris adj. qual. *contenter*,
heureux	adj. m. s. qual. *vivre* (heureusement),
que de	mots euph.,
se	pro. 3. pers. m. s. rég. dir. de *contenter*,
contenter	ver. act. acc. pron. 1. c. régr. Inf. prés. (t. s. p.) suj. de *est*,

à 4 h. (à gauche pour : à, la, 4e, heure)

à 6 h. (à gauche pour : à, la 6e)

9

du	art. comp. m. s. régit et dét. *nécessaire*,
nécessaire.	subs. com. m. s. rég. de *de* dans *du.*
— *Non,*	adv. de nég. mod. *ayons* sous-ent.,
rien	pro. ind. m. s. rég. dir. de *ayons* sous-ent.,
de	euph.,
superflu.	adj. m. s. qual. *rien.*
— *Huissier,*	subs. com. m. s. en apos.,
faites	ver. act. 4. c. irr. Impé. 2. p. s. (t. s. d.), *tu* sous-ent. est son sujet,
comparaître	ver. n. 4. c. irr. Inf. prés. (t. s. p.),
les	art. s. m. pl. dét. *témoins,*
témoins.	subs. com. m. pl. rég. dir. de *faites comparaître.*
— *A*	prép. régit *assassin,*
le	art. s. m. s. dét. *assassin,*
assassin !	subs. com. m. s. rég. de *à!*

rég. ind. de *accourez* sous-ent.,

— *Au*	art. comp. m. s. régit et dét. *voleur,*
voleur !	subs. com. m. s. rég. de *à* dans *au!*

idem.

au	art. comp. m. s. régit et dét. *secours,*
secours.	subs. com. m. s. rég. de *à* dans *au !*

idem.

— *Il*	pro. euph.,
s'agit	ver. pron. impl. 2. c. régr. Ind. prés. (t.s.p.),
de	prép. régit *réputation,*
ma	adj. pos. f. s. dét. *réputation,*
réputation.	subs. com. f. s. rég. de *de.*
— *Que*	conj. lie 2 prop.,
on	pro. ind. m. s. suj. de *sévisse,*
sévisse	ver. n. 2. c. régr. Subj. prés. 3. p. s. (t. s. d.),
contre	prép. régit *accapareurs,*
les	art. s. m. pl. dét. *accapareurs,*
accapareurs ;	subs. com. m. pl. rég. de *contre,*
ce	pro. 3. pers. m. pl. suj. de *sont,*

sont	ver. subs. 4. c. irr. Ind. prés. 3.p.p.(t.s.d.),
des	adj. ind. m. pl. mod. *misérables*,
misérables	adj. m. pl. qual. *ce* (ils),
qui	pro. rel. m. pl. suj. de *font hausser*,
font	ver.act.4.c.irr.Ind.prés. 3.p. p., (t. s. d.),
hausser	ver.act.1.c.régr.Inf.prés.(t.s.p.)
les	art. s. f. pl. dét. *denrées*,
denrées.	subs. com. f. p. rég. dir. de *font hausser*.
—*Scélératesse*	subs. com. f. s. pris. adj. qual. *ceci*,
que	euph.,
tout	adj. ind. mod. *ceci*.
ceci.	pro. dém. m. s. suj. de *est* sous-ent.,

ces 2 verbes ont une signif. active.

Quarante-unième Analyse.

Dans tout ce que mes ennemis ont fait, en abusant de votre ignorance, je suppose, Athéniens, qu'il se sont proposé de servir vos intérêts : je ne leur en fais point un crime, quelque perverses qu'aient été les trames qu'ils ont ourdies contre moi. — N'en êtes-vous pas suffisamment informés ? et mon retour n'est-il pas la honte de mes vils calomniateurs ? — Ah ! qu'il a été dur et glorieux à Démosthène cet exil auquel vous le condamnàtes, parce qu'il obéissait aux Dieux qui lui criaient : « Que fait au vrai républicain une injuste persécution ? achève, Démosthène ; sauve la patrie même malgré elle. »

Dans	prép. régit *ce*,
tout	adj. ind. m. s. mod. *ce*,
ce	pro. dém. m. s. rég. de *dans*,

que	pro. rel. m. s. rég. dir. de *ont fait,*
mes	adj. pos. m. pl. dét. *ennemis,*
ennemis	subs. com. m. pl. suj. de *ont fait,*
ont fait,	ver. act. 4. c. irr. Ind. pas.ind.3. p.p.(t.c.),
en	prép. régit *abusant,*
abusant	ver. n. 1. c. régr. Inf. part. prés. (t. s. p.) rég. de *en,*
de	prép. régit *ignorance,*
votre	adj. pos. f. s. dét. *ignorance,*
ignorance,	subs. com. f. s. rég. de *de,*
je	pro. 1. pers. m. s. suj. de *suppose,*
suppose,	ver. n. 1. c. régr. Ind.prés. 1. p. s. (t. s. p.),
Athéniens,	subs. com. m. pl. en apos.,
que	conj. lie 2 prop.,
ils	pro. 3. pers. m. pl. suj. de *ont proposé,*
se	pro. 3. p. m. pl. rég. ind. de *ont proposé,*
ont proposé	ver. n. acc. pron. 1. c. régr. Ind. pas. ind. 3. p. p. (t. c.),
de	prép. régit *servir,*
servir	ver. act. 2. c. irr. Inf. prés.(t. s. p.), rég. de *de,*
vos	adj. pos. m. pl. dét. *intéréts,*
intéréts :	subs. com. m. pl. rég. dir. de *servir :*
je	pro. 1. p. m. s. suj. de *fais,*
ne point	adv. de nég. mod. *fais,*
leur	pro. 3. p. m. pl. rég. ind. de *fais,*
en	pro. dém. m. s. rég. ind. de *fais,*
fais	ver. act. 4. c. irr. Ind. prés. 1. p. s.(t. s. p.),
un	adj. ind. m. s. mod. *crime,*
crime,	subs. com. m. s. rég. dir. de *fais,*
quelque	adv. mod. *perverses,*
perverses	adj. f. pl. qual. *trames,*
que	conj. lie 2 prop.,

aient été	ver. subs. 4. c. irr. Subj. pas. 3. p. p. (t. c.),
les	art. s. f. pl. dét. *trames,*
trames	subs. com. f. pl. suj. de *aient été,*
que	pro. rel. f. pl. rég. dir. de *ont ourdies,*
ils	pro. 3. p. m. pl. suj. de *ont ourdies,*
ont ourdies	ver. act. 2. c. régr. Ind. pas ind. 3. p. p. (t. c.),
contre	prép. régit *moi,*
moi,	pro. 1. p. m. s. rég. de *contre,*
ne pas	adv. de nég. mod. *suffisamment,*
en	pro. dém. m. s. rég. ind. de *êtes informés,*
êtes informés-	ver. pas. 1. c. régr. Ind. prés. 2. p. p. m. (t. c.),
vous	pro. 2. pers. m. pl. suj. de *êtes informés,*
suffisamment?	adv. de quan. qual. *êtes informés?*
et	conj. lie 2 prop.,
mon	adj. pos. m. s. dét. *retour,*
retour	subs. com. m. s. suj. de *est,*
ne pas	adv. de nég. mod. *honte,*
est	ver. subs. 4. c. irr. Ind. prés. 3. p. s. (t. s. p.),
il	euph.,
la	art. s. f. s. dét. *honte,*
honte	subs. com. pris adj. f. s. qual. *retour,*
de	prép. régit *calomniateurs,*
mes	adj. pos. m. pl. dét. *calomniateurs,*
vils	adj. m. pl. qual. *calomniateurs,*
calomniateurs?	subs. com. m. pl. rég. de *de?*
Ah!	inter. !
que	adv. de quan. qual. *dur et glorieux,*
il	euph.,
a été	ver. subs. 4. c. irr. Ind. pas. ind. 3. p. s. (t. c.),
dur	adj. m. s. qual. *exil,*

9.

et	conj.,
glorieux	adj. m. s. qual. *exil*,
à	prép. régit *Démosthène*,
Démosthène	subs. prop. m. s. rég. de *à*,
cet	adj. dém. m. s. dét. *exil* (*t* euph.),
exil	subs. com. m. s. suj. de *a été*,
auquel	pro. rel. m. s. rég. ind. de *condamnâtes*,
vous	pro. 2. pers. m. pl. suj. de *condamnâtes*,
le	pro. 3. p. m. s. rég. dir. de *condamnâtes*,
condamnâtes,	ver. act. 1. c. régr. Ind. pas. déf. 2. p. p. (t. s. p.),
parce que	loc. conj. lie. 2. prop.,
il	pro. 3. p. m. s. suj. de *obéissait*,
obéissait	ver. n. 2. c. régr. Ind. imp. 3. p. s. (t. s. d.),
aux	art. comp. m. pl. régit et dét. *Dieux*,
Dieux,	subs. com. m. pl. rég. de *à* dans *aux*,
qui	pro. rel. m. pl. suj. de *criaient*,
lui	pro. 3. pers. m. s. rég. ind. de *criaient*,
criaient :	ver. n. 1. c. régr. Ind. imp. 3. p. p. (t.s.d.) :
Que	pro. ind. m. s. rég. dir. de *fait*,
fait	ver. act. 4. c. irr. Ind. prés. 3. p. s. (t. s.p.),
au	art. comp. m. s. régit et dét. *républicain*,
vrai	adj. m. s. qual. *républicain*,
républicain	subs. com. m. s. rég. de *à* dans *au*,
une	adj. ind. f. s. mod. *persécution*,
injuste	adj. f. s. qual. *persécution*,
persécution ?	subs. com. f. s. suj. de *fait* ?
achève,	ver. n. 1. c. régr. Impé. 2. p. s. (t. s. d.), *tu* est son suj.,
Démosthène ;	subs. prop. m. s. mis en apos.,
sauve	ver. act. 1. c. régr. Impé. 2. p. s. (t. s. d.), *tu* est son suj.,

la	art. s. f. s. dét. *patrie,*
patrie	subs. com. col. f. s. rég. dir. de *sauve,*
même	adv. mod. *sauve,*
malgré	prép. régit *elle,*
elle.	pro. 3. pers. f. s. rég. de *malgré.*

Quarante-deuxième Analyse.

Et maintenant voilà ce qui subsiste de cette ville puissante, un lugubre squelette ! — Ah ! comment s'est éclipsé tant de gloire ? — Ainsi s'anéantissent les empires et les nations ! — C'est l'instinct de tous les animaux, dès que le péril les occupe, de cesser d'être malfaisants.

Et	conj. lie 2 prop.,
maintenant	adv. de temps dét. *regardez* (voilà),
voilà	prép. régit *ce,*
ce	pro. dém. m. s. rég. de *voilà,*
qui	pro. rel. m. s. suj. de *subsiste,*
subsiste	ver. n. 1. c. régr. Ind. prés. 3. p. s. (t. s. p.),
de	prép. régit *ville,*
cette	adj. dém. f. s. dét. *ville,*
ville	subs. com. f. s. rég. de *de,*
puissante,	adj. f. s. qual. *ville,*
un	adj. ind. m. s. mod. *squelette,*
lugubre	adj. m. s. qual. *squelette,*
squelette !	subs. pris adj. m. s. qual. *ce !*
— Ah !	Inter.!
comment	conj. lie 2 prop., et adv. mod. *a été éclipsée,*

a été éclipsée ver. pas. 1. c. régr. Ind. pas. ind. 3. p. f. s. (t. c.),

tant de   s'est éclipsé

une   adj. ind. f. s. mod. *gloire,*

si   adv. de quan. qual. *grande,*

grande   adj. f. s. qual. *gloire,*

gloire?   subs. com. f. s. suj. de *a été éclipsée ?*

— Ainsi   adv. dét. *s'anéantissent,*

donc   conj. lie 2 prop.,

s'anéantissent ver. pron. pas. 2. c. régr. Ind. prés. 3. p. p. (t. s. d.),

les   art. s. m. pl. dét. *empires,*

empires   subs. com. col. m. pl. suj. de *s'anéantissent,*

et   conj. lie 2 prop.,

les   art. s. f. pl. dét. *nations,*

nations !   subs. com. col. f. pl. suj. de *s'anéantissent!*

— Ce   euph.,

est   ver. subs. 4. c. irr. Ind. prés. 3. p. s. (t. s. p.),

le   art. s. m. s. dét. *instinct,*

instinct   subs. com. pris adj. m. s. qual. *cesser,*

de   prép. régit *animaux,*

tous   adj. ind. m. pl. mod. *animaux,*

les   art. s. m. pl. dét. *animaux,*

animaux,   subs. com. m. pl. rég. de *de,*

dès que   loc. conj. lie 2 prop.,

le   art. s. m. s. dét. *péril,*

péril   subs. com. m. s. suj. de *occupe,*

les   pro. 3. pers. m. pl. rég. dir. de *occupe,*

occupe,   ver. act. 1. c. régr. Ind. prés. 3. p. s. (t. s. p.),

de   euph.,

cesser	ver. n. 1. conj. régr. Inf. prés. (t. s. p.), suj. de *est*,
de	prép. régit *étre*,
étre	ver. subs. 4. c. irr. Inf. prés. (t. s. p.), rég. de *de*,
malfaisants.	adj. m. pl. qual. *animaux.*

Quarante-troisième Analyse.

Que les bons citoyens n'aient désormais sous les yeux que des exemples si révoltants d'où l'on juge qu'il est nuisible d'embrasser la cause du peuple, j'appréhende fort qu'il ne se trouve plus personne qui se consacre à soutenir l'intérêt général.

Que	conj. lie 2 prop.,
les	art. s. m. pl. dét. *citoyens,*
bons	adj. m. pl. qual. *citoyens,*
citoyens	subs. com. m. pl. sujet de *aient,*
ne que	adv. de restriction mod. *aient,*
désormais	adv. de temps dét. *aient,*
aient	ver. act. 3. c. irr. Subj. prés. 3. pers. pl. (t. s. d.),
sous	prép. régit *yeux,*
les	art. s. m. pl. dét. *yeux,*
yeux	subs. com. m. pl. rég. de *sous,*
des	adj. ind. m. pl. mod. *exemples,*
exemples	sub. com. m. pl. rég. dir. de *aient,*
si	adv. de quan. qual. *révoltants,*
révoltants	adj. m. pl. qual. *exemples,*
d'où	pro. rel. m. pl. rég. ind. de *juge,*
l'	euph.,

on   pro. ind. m. s. suj. de *juge*,

juge   ver. n. 1. c. irr. Subj. prés. 3. p. s. (t. s. d.),

que   conj. lie 2 prop.,

il   euph.,

est   ver. subs. 4. c. irr. Ind. prés. 3. p. s. (t. s. p.),

nuisible   adj. m. s. qual. *embrasser*,

de   euph.,

embrasser   ver. act. 1. c. régr. Inf. prés. (t. s. p.), suj. de *est*,

la   art. s. f. s. dét. *cause*,

cause   subs. com. f. s. rég. dir. de *embrasser*,

du   art. comp. m. s. régit et dét. *peuple*,

peuple,   subs. com. col. m. s. rég. de *de* dans *du*,

je   pro. 1. pers. m. s. suj. de *appréhende*,

appréhende   ver. n. 1. c. régr. Ind. prés. 1. p. s. (t. s. p.),

fort   adv. de quan. qual. *appréhende*,

que   conj. lie 2 prop.,

il   euph.,

ne plus   adv. de nég. mod. *se trouve*,

se trouve   ver. pron. pas. 1. c. régr. Subj. prés. 3. p. s. (t. s. d.),

personne   pro. ind. m. s. suj. de *se trouve*,

qui   pro. rel. m. s. suj. de *consacre*,

se   pro. 3. pers. m. s. rég. dir. de *consacre*,

consacre   ver. act. acc. pron. 1. c. régr. Subj. prés. 3. p. s. (t. s. d.),

à   prép. régit *soutenir*,

soutenir   ver. act. 2. c. irr. Inf. prés. (t. s. p.), rég. de *à*,

le   art. s. m. s. dét. *intérêt*,

intérêt   subs. com. m. s. rég. dir. de *soutenir*,

général.   adj. m. s. dét. *intérêt*.

Quarante-quatrième Analyse.

Passant, que ton front se découvre :
Là plus d'un brave est endormi:
Des fleurs pour le martyr du Louvre !
Un peu de pain pour son ami !

———

.... Où courent ces guerriers ?
Ils vont pour un assaut former leurs rangs épais ?
— Non, ce sont des anglais
Qui vont voir mourir une femme.

Passant,	subs. com. m. s. mis en apos.,
que	conj. lie 2 prop.,
ton	adj. pos. m. s. dét. *front,*
front	subs. com. m. s. suj. de *se découvre,*
se découvre :	ver. pron. pas. 2. c. irr. Subj. prés. 3. p. s. (t. s. d.),
Là	adv. de lieu dét. *sont endormis,*
plusieurs	adj. ind. m. pl. mod. *braves,*
braves	subs. com. m. pl. suj. de *sont endormis,*
sont endormis.	ver. pas. 2. c. irr. Ind. prés. 3. p. m. pl. (t. c.).
Des	adj. ind. f. pl. mod. *fleurs,*
fleurs	subs. com. f. pl. rég. dir. de *semez,*
pour	prép. régit *martyr,*
le	art. s. m. s. dét. *martyr,*
martyr	subs. com. m. s. rég. de *pour,*
du	art. comp. m. s. régit et dét. *Louvre,*

plus d'un brave est endormi,

Louvre !	subs. pro. m. s. rég. de *de* dans *du !*	
Du	adj. ind. m. s. mod. *pain,*	
pain	subs. com. m. s. rég. dir. de *jetez,*	
en	prép. régit *quantité,*	
petite	adj. f. s. qual. *quantité,*	
quantité	subs. com. f. s. rég. de *en,*	
pour	prép. régit *ami,*	
son	adj. pos. m. s. dét. *ami,*	
ami !	subs. com. m. s. rég. de *pour !*	
— Où	pro. ind. m. s. rég. ind. de *courent,*	
courent	ver. n. 2. c. irr. Ind. prés. 3. p. p. (t. s. d.),	
ces	adj. dém. m. pl. dét. *guerriers,*	
guerriers ?	subs. com. m. pl. suj. de *courent ?*	
Ils	pro. 3. pers. m. pl. suj. de *vont,*	
vont	ver. n. 1. c. irr. Ind. prés. 3. p. p. (t. s. d.),	
pour	prép. régit *assaut,*	
un	adj. ind. m. s. mod. *assaut,*	
assaut	subs. com. m. s. rég. de *pour,*	
former	ver. act. 1.c. régr. Inf. prés. (t.s.p.) rég. de *vont,*	
leurs	adj. pos. m. pl. dét. *rangs,*	
rangs	subs. com. m. pl. rég. dir. de *former,*	
épais ?	adj. m. pl. qual. *rangs ?*	
— Non,	adv. de nég. mod. *former,*	
ce	pro. 3. pers. m. pl. suj. de *sont,*	
sont	ver. subs. 4. c. irr. Ind. prés. 3. p. p. (t. s. d.),	
des	adj. ind. m. pl. mod. *anglais,*	
anglais	adj. m. pl. dét. *ils, ce,*	
qui	pro. rel. m. pl. suj. de *vont,*	

un peu de pain.

vont	ver. n. 1. c. irr. Ind. prés. 3. p. p. (t. s. d.),
voir	ver. act. 3. c. irr. Inf. prés. (t. s. p.), rég. de *vont,*
mourir	ver. n. 2. c. irr. Inf. prés. (t. s. p.) *mourant,* qual. *femme,*
une	adj. ind. f. s. mod. *femme,*
femme.	subs. com. f. s. rég. dir. de *voir.*

Quarante-cinquième Analyse.

...... De ce soupir que faut-il que j'augure ?
Du sang qui se révolte est-ce quelque murmure ?
Croirai-je qu'une nuit a pu vous ébranler !
Est-ce donc votre cœur qui vient de nous parler ?
Songez-y ; vous devez votre fille à la Grèce.

— *De*	prép. régit *soupir,*
ce	adj. dém. m. s. dét. *soupir,*
soupir	subs. com. m. s. rég. de *de,*
que	pro. ind. m. s. rég. dir. de *augure,*
faut-	ver. impl. 3. c. irr. Ind. prés. (t. s. p.),
il	euph. suj. appt. de *faut,*
que	conj. lie 2 prop.,
je	pro. 1. pers. m. s. suj. de *augure,*
augure ?	ver. act. 1. c. régr. Subj. prés. 1. p. s. (t.s.d.)?
— *Du*	art. comp. m. s. régit et dét. *sang,*
sang	subs. com. m. s. rég. de *de* dans *du,*
qui	pro. rel. m. s. suj. de *révolte,*
se	pro. 3. pers. m. s. rég. dir. de *révolte,*
révolte	ver. act. acc. pron. 1. c. régr. Ind. prés. 3. p. s. (t. s. p.),
est-	ver. subs. 4. c. irr. Ind. prés. 3. p. s. (t. s. p.),

10

ce   pro. dém. m. s. suj. de *est,*

quelque   adj. ind. m. s. mod. *murmure,*

murmure? subs. pris adj. m. s. qual. *ce?*

— *Croirai* ver. n. 4. c. irr. Ind. fut. abs. 1. p. s. (t. s. d.

  -je   pro. 1. pers. m. s. suj. de *croirai,*

  que   conj. lie 2 prop.,

  une   adj. num. card. f. s. dét. *nuit,*

  nuit   subs. com. f. s. suj. de *a pu,*

  a pu   ver. n. 3. c. irr. déf. Ind. pas. ind. 3. p. s. (t.c.

  vous   pro. 2. pers. m. s. rég. dir. de *ébranler,*

ébranler? ver. act. 1. c. régr. Inf. prés. (t. s. p.), rég
            de *a pu?*

— *Est-*   ver. subs. 4. c. irr. Ind. prés. 3. p. s. (t.s.p.

  ce   pro. dém. m. s. (celui) attribut de *cœur,*

  donc   conj. lie 2 prop.,

  votre   adj. pos. m. s. dét. *cœur,*

  cœur   subs. com. m. s. suj. de *est,*

  qui   pro. rel. à *ce,* m. s. suj. de *vient,*

  vient   ver. n. 2. c. irr. Ind. prés. 3. p. s. (t. s. p.

  de   prép. régit *parler,*

  nous   pro. 1. pers. m. pl. rég. ind. de *parler,*

parler?   ver. n. 1. c. régr. Inf. prés. (t.s.p.), rég. de *de*

— *Songez*   ver. n. 1. c. irr. Impé. 2. p. s. (t. s. d.), so
            suj. est *tu* sous-ent.,

  y;   pro. dém. m. s. (à cela) rég. ind. de *songez*

  vous   pro. 2. pers. m. s. suj. de *devez,*

  devez   ver. act. 3. c. irr. Ind. prés. 2. p. s. (t. s. p.

  votre   adj. pos. f. s. dét. *fille,*

  fille   subs. com. f. s. rég. dir. de *devez,*

  à   prép. régit *Grèce,*

  la   art. s. f. s. dét. *Grèce,*

Grèce.   subs. pro. col. f. s. rég. de *à.*

Quarante-sixième Analyse.

Bel encouragement aux vertus politiques des maîtres du monde que de revenir ainsi sur la condamnation des brigands couronnés qui ont ensanglanté le pouvoir, et dont la mort seule a terminé les forfaits ! — Sophistes insensés ! sachez quel mal font aux hommes vos coupables intentions de réhabiliter la mémoire des tyrans !

Bel	adj. m. s. qual. *encouragement*,
encouragement	subs. com. m. s. pris adj. qual. *revenir*,
aux	art. comp. f. pl. régit et dét. *vertus*,
vertus	subs. com. f. pl. rég. de *à* dans *aux*,
politiques	adj. f. pl. dét. *vertus*,
des	art. comp. m. pl. régit et dét. *maîtres*,
maîtres	subs. com. m. pl. rég. de *de* dans *des*,
du	art. comp. m. s. régit et dét. *monde*,
monde	subs. com. col. m. s. rég. de *de* dans *du*,
que de	mots euph.,
revenir	ver. n. 2. c. irr. Inf. prés. (t. s. p.) suj. de *est* sous-ent.,
ainsi	adv. dét. *revenir*,
sur	prép. régit *condamnation*.
la	art. s. f. s. dét. *condamnation*,
condamnation	subs. com. f. s. rég. de *sur*,
des	art. comp. m. pl. régit et dét. *brigands*,
brigands	subs. com. m. pl. rég. de *de* dans *des*,
couronnés	ver. pas. 1. c. régr. Inf. part. pas. m. pl. qual. *brigands*,
qui	pro. rel. m. pl. suj. de *ont ensanglanté*,

ont ensanglanté ver. act. 1. c. régr. Ind. pas. ind. 3. p. p. (t. c.),

le   art. s. m. s. dét. *pouvoir,*

pouvoir,   subs. com. m. s. rég. dir. de *ont ensanglanté,*

et   conj. lie 2 prop.,

dont   pro. rel. m. pl. rég. de *forfaits,*

la   art. s. f. s. dét. *mort,*

mort   subs. com. f. s. suj. de *a terminé,*

seule   adj. f. s. dét. *mort,*

a terminé   ver. act. 1. c. régr. Ind. pas. ind. 3. p. s. (t. c.),

les   art. s. m. pl. dét. *forfaits,*

forfaits ?   subs. com. m. pl. rég. dir. de *a terminé ?*

— Sophistes   subs. com. m. pl. en apos.,

insensés !   adj. m. pl. qual. *sophistes !*

sachez   ver. act. 3. c. irr. Impé. 2. p. p. (t. s. d.), son suj. est *vous* sous-ent.,

quel   adj. m. s. qual. *mal,*

mal   subs. com. m. s. rég. dir. de *sachez* et de *font,*

font   ver. act. 4. c. irr. Ind. prés. 3. p. p. (t.s.d.),

aux   art. comp. m. pl. régit et dét. *hommes,*

hommes   subs. com. m. pl. rég. de *à* dans *aux,*

vos   adj. pos. f. pl. dét. *intentions,*

coupables   adj. f. pl. qual. *intentions,*

intentions   subs. com. f. pl. suj. de *font,*

de   prép. régit *réhabiliter,*

réhabiliter   ver. act. 1. c. régr. Inf. prés. (t. s. p.) rég. de *de,*

la   art. s. f. s. dét. *mémoire,*

mémoire   subs. com. f. s. rég. dir. de *réhabiliter,*

des   art. comp. m. pl. régit et dét. *tyrans,*
tyrans!   subs. com. m. pl. rég. de *de* dans *des!*

Quarante-septième Analyse.

Déjà la garde accourt avec des cris de rage.
Sa mère!..... Ah! que l'amour inspire de courage!
Quel transport animait ses efforts et ses pas!
Sa mère!.... elle s'élance au milieu des soldats......
« C'est mon fils! arrêtez, cessez, troupe inhumaine;
» C'est mon fils! déchirez sa mère et votre reine! »

Déjà   adv. dét. *accourt,*
la   art. s. f. s. dét. *garde,*
garde   subs. com. col. f. s. suj. de *accourt,*
accourt   ver. n. 2. c. irr. Ind. prés. 3. p. s. (t. s. p.),
avec   prép. régit *cris,*
des   adj. ind. m. pl. mod. *cris,*
cris   subs. com. m. pl. rég. de *avec,*
de   prép. régit *rage,*
rage.   subs. com. f. s. rég. de *de.*
Sa   adj. pos. f. s. dét. *mère,*
mère!.....   subs. com. f. s. suj. d'un verbe sous-ent!...
Ah!   inter. !
quel   adj. ind. m. s. mod. *courage,*
grand   adj. m. s. qual. *courage,*
courage   subs. com. m. s. rég. dir. de *inspire,*
le   art. s. m. s. dét. *amour,*
amour   subs. com. m. s. suj. de *inspire,*
inspire!   ver. act. 1. c. régr. Ind. prés. 3. p. s. (t. s. p.)!
Quel   adj. m. s. qual. *transport,*
transport   subs. com. m. s. suj. de *animait,*

10.

animait   ver. act. 1. c. régr. Ind. imp. 3. p. s. (t. s. d.),

ses   adj. pos. m. pl. dét. *efforts,*

efforts   subs. com. m. pl. rég. dir. de *animait,*

et   conj. lie 2 prop.,

ses   adj. pos. m. pl. dét. *pas.*

pas !   subs. com. m. pl. rég. dir. de *animait !*

Sa   adj. pos. f. s. dét. *mère,*

mère !....   subs. com. f. s. suj. d'un verbe sous-ent. !

elle   pro. 3. pers. f. s. suj. de *élance,*

se   pro. 3. p. f. s. rég. dir. de *élance,*

élance   ver. ess. pron. act. 1. c. régr. Ind. prés. 3. p.
s. (t. s. p.),

au milieu de   loc. prép. régit *soldats,*

les   art. s. m. pl. dét. *soldats,*

soldats.   subs. com. m. pl. rég. de *au milieu de.*

— Ce   pro. 3. p. m. s. suj. de *est,*

est   ver. subs. 4. c. irr. Ind. prés. 3. p. s. (t. s. p.),

mon   adj. pos. m. s. dét. *fils,*

fils !   subs. com. pris adj. m. s. dét. *ce* (il)!

arrêtez,   ver. n. 1. c. régr. Impé. 2. p. p. (t. s. d.) *vous*
est son suj.,

cessez,   ver. n. 1. c. régr. Impé. 2. p. p. (t. s. d.) *vous*
est son suj.,

troupe   subs. com. col. f. s. en apos.,

inhumaine ;   adj. f. s. qual. *troupe,*

ce   pro. 3. p. m. s. suj. de *est,*

est   ver. subs. 4. c. irr. Ind. prés. 3. p. s.(t. s. p.),

mon   adj. pos. m. s. dét. *fils,*

fils !   subs. com. pris adj. m. s. dét. *ce !*

déchirez   ver. act. 1. c. régr. Impé. 2. p. pl. son suj.
est *vous* sous-ent.,

sa   adj. pos. f. s. dét. *mère,*

mère	subs. com. f. s. rég. dir. de *déchirez,*
et	conj. lie 2 prop.,
votre	adj. pos. f. s. dét. *reine,*
reine !	subs. com. f. s. rég. dir. de *déchirez !*

Quarante-huitième Analyse.

Vertueux Bélisaire, il s'est rencontré bien des héros qui, comme toi, ont subjugué des nations. Mais combien en a-t-on vu qui se soient vaincus eux-mêmes ! Qui soutint jamais l'adversité avec plus de patience que toi ? Malheureux, aveugle, tu traînas noblement ta longue vieillesse dans les plus sublimes vertus !

Vertueux	adj. m. s. qual. *Bélisaire,*
Bélisaire,	subs. pro. m. s. en apos.,
plusieurs	adj. ind. m. pl. mod. *héros,*
héros	subs. com. m. pl. suj. de *ont paru,*
ont paru,	ver. n. 4. c. irr. Ind. pas. ind. 3. p. p. (t. c.),
qui,	pro. rel. m. pl. suj. de *ont subjugué,*
comme	conj. lie 2 prop.,
toi,	pro. 2. pers. m. s. suj. de *as subjugué,* sous-ent.,
ont subjugué	ver. act. 1. c. régr. Ind. pas ind. 3. p. p. (t. c.),
des	adj. ind. f. pl. mod. *nations,*
nations.	subs. com. f. pl. rég. dir. de *ont subjugué.*
— Mais	conj. lie 2 prop.,

(accolade : *il s'est rencontré bien des héros*)

combien	adv. de quan. qual. *peu,*	
peu	adv. de. quan. qual. *nombreux,*	
nombreux	adj. m. pl. qual. *en* (les),	
en (les)	pro. 3. pers. m. pl. rég. dir. de *a vu,*	
a vu	ver. act. 3. c. irr. Ind. pas. ind. 3. p. s. (t. c.),	
-t-	euph.,	
on	pro. ind. m. s. suj. de *a vu,*	
qui	pro. rel. m. pl. suj. de *aient vaincus,*	
se	pro. 3. pers. m. pl. rég. dir. de *aient vaincus,*	
aient vaincus	ver. act. acc. pron. 4. c. irr. Subj. pas. 3. p. m. p. (t. c.),	
eux-	pro. 3. pers. m. pl. mis par *énergie,*	
mémes !	adj. m. pl. dét. *eux* ou *se !*	
— Qui	pro. ind. m. s. suj. de *soutint,*	
soutint	ver. act. 2. c. irr. Ind. pas. déf. 3. p. s. (t. s. p.),	
jamais	adv. de temps mod. *soutint,*	
la	art. s. f. s. dét. *adversité,*	
adversité	subs. com. f. s. rég. dir. de *soutint,*	
avec	prép. régit *patience,*	
une	adj. ind. f. s. mod. *patience,*	
plus	adv. de quan. qual. *grande,*	
grande	adj. f. s. qual. *patience,*	
patience	subs. com. f. s. rég. de *avec,*	
que	conj. lie 2 prop.,	
toi ?	pro. 2. pers. m. s. suj. d'un verbe sous-ent.?	
— Malheureux,	adj. m. s. qual. *tu,*	
aveugle,	adj. m. s. qual. *tu,*	
tu	pro. 2. pers. m. s. suj. de *traînas,*	

combien en {

plus de {

traînas	ver. act. 1. c. régr. Ind. pas. déf. 2. p. s. (t. s. p.),
noblement	adv. qual. *traînas,*
ta	adj. pos. f. s. dét. *vieillesse,*
longue	adj. f. s. qual. *vieillesse,*
vieillesse	subs. com. f. s. rég. dir. de *traînas,*
dans	prép. régit *vertus,*
les	art. s. f. pl. dét. *vertus,*
plus	adv. de quan. qual. *sublimes,*
sublimes	adj. f. pl. qual. *vertus,*
vertus !	subs. com. f. p l. rég. de *dans !*

Quarante-neuvième Analyse.

Guidé par un faible enfant, tu mendias le pain de l'indigence. Et tu avais arraché ton pays aux dangers dont le menaçaient des flots de barbares !

Guidé	ver. pas. 1. c. régr. Inf. part. pas. m. [s. qual. *tu,*
par	prép. régit *enfant,*
un	adj. ind. m. s. mod. *enfant,*
faible	adj. m. s. qual. *enfant,*
enfant,	subs. com. m. s. rég. de *par,*
tu	pro. 2. pers. m. s. suj. de *mendias,*
mendias	ver. act. 1. c. régr. Ind. pas. déf. 2. p. s (t. s. p.),
le	art. s. m. s. dét. *pain,*
pain	subs. com. m. s. rég. dir. de *mendias,*
de	prép. régit *indigence,*
la	art. s. f. s. dét. *indigence,*
indigence.	subs. com. f. s. rég. de *de.*
— Et	conj. lie 2 prop.,

tu	pro. 2. pers. m. s. suj. de *avais arraché,*
avais arraché	ver. act. 1.c. régr. Ind. p.-q.-p.2.p.s.(t.c.),
ton	adj. pos. m. s. dét. *pays,*
pays	subs. com. col. m. s. rég. dir. d *avais arraché,*
aux	art. comp. m. pl. régit et dét. *dangers,*
dangers	subs. com. m. pl. rég. de *à* dans *aux,*
dont	pro. rel. m. pl. rég. ind. de *menaçaient,*
le	pro. 3. pers. m. s. rég. dir. de *menaçaient,*
menaçaient	ver. act. 1. c.régr.Ind.imp. 3. p.p., (t.s.d.),
de	adj. ind. m. pl. mod. *barbares,*
innombrables	adj. m. pl. qual. *barbares,*
barbares !	subs. com. m. pl. suj. de *menaçaient !*

Cinquantième Analyse.

Aristide, tu es dans le cabinet? — Oui, mon oncle. — Ouvre-s-en la porte. — Mange de ces cerises. — Je n'en veux pas. — Asseyez-vous, Messieurs. — Nous n'en ferons rien.

— *Aristide,*	subs. pro. m. s. en apos.,
tu	pro. 2. pers. m. s. suj. de *es,*
es	ver. subs. 4. c. irr. Ind. prés. 2. p. s.(t.s.p.),
dans	prép. régit *cabinet,*
le	art. s. m. s. dét. *cabinet,*
cabinet ?	subs. com. m. s. rég. de *dans ?*
—*Oui,*	adv. d'affir.,
mon	adj. pos. m. s. dét. *oncle,*
oncle.	subs. com. m. s. en apos.
— *Ouvre*	ver. act. 2. c. irr. Impé. 2. p. s. (t. s. d.), son suj. est *tu* sous-ent.,

-s-   let. euph.,

en   pro. 3. pers. m. s. rég. de *porte*,

la   art. s. f. s. dét. *porte*,

porte.   subs. com. f.s. rég. dir. de *ouvre*.

— *Mange*   ver. act. 1. c. irr. Impé. 2. p. s. (t. s. p.), *tu* est son suj., *quelques-unes* le rég. di r.

de   prép. régit *cerises*,

ces   adj. dém. f. pl. dét. *cerises*,

cerises.   subs. com. f. pl. rég. de *de*.

— *Je*   pro. 1. pers. m. s. suj. de *veux*,

ne pas   adv. de nég. mod. *veux*,

en   pro. ind. f. s. (aucune) rég. dir. de *veux*,

veux.   ver. act. 3. c. irr. Ind. prés. 1. p. s. (t. s.).

— *Asseyez-*   ver. act. acc. pron. 3. c. irr. Impé. 2. p. p. (t. s. d.), *vous* est son suj.,

vous,   pro. 2. pers. m. pl. rég. dir. de *asseyez*,

Messieurs.   subs. com. m. pl. en apos.

— *Nous*   pro. 1. pers. m. pl. suj. de *ferons*,

ne   adv. de nég. mod. *ferons*,

en   pro. dém. m. s. rég. de *rien*,

ferons   ver. act. 4. c. irr. Ind. fut. abs. 1. p. p. (t. s. d.),

rien.   pro. ind. m. s. rég. dir. de *ferons*.

FIN.

TABLE DES MATIÈRES.

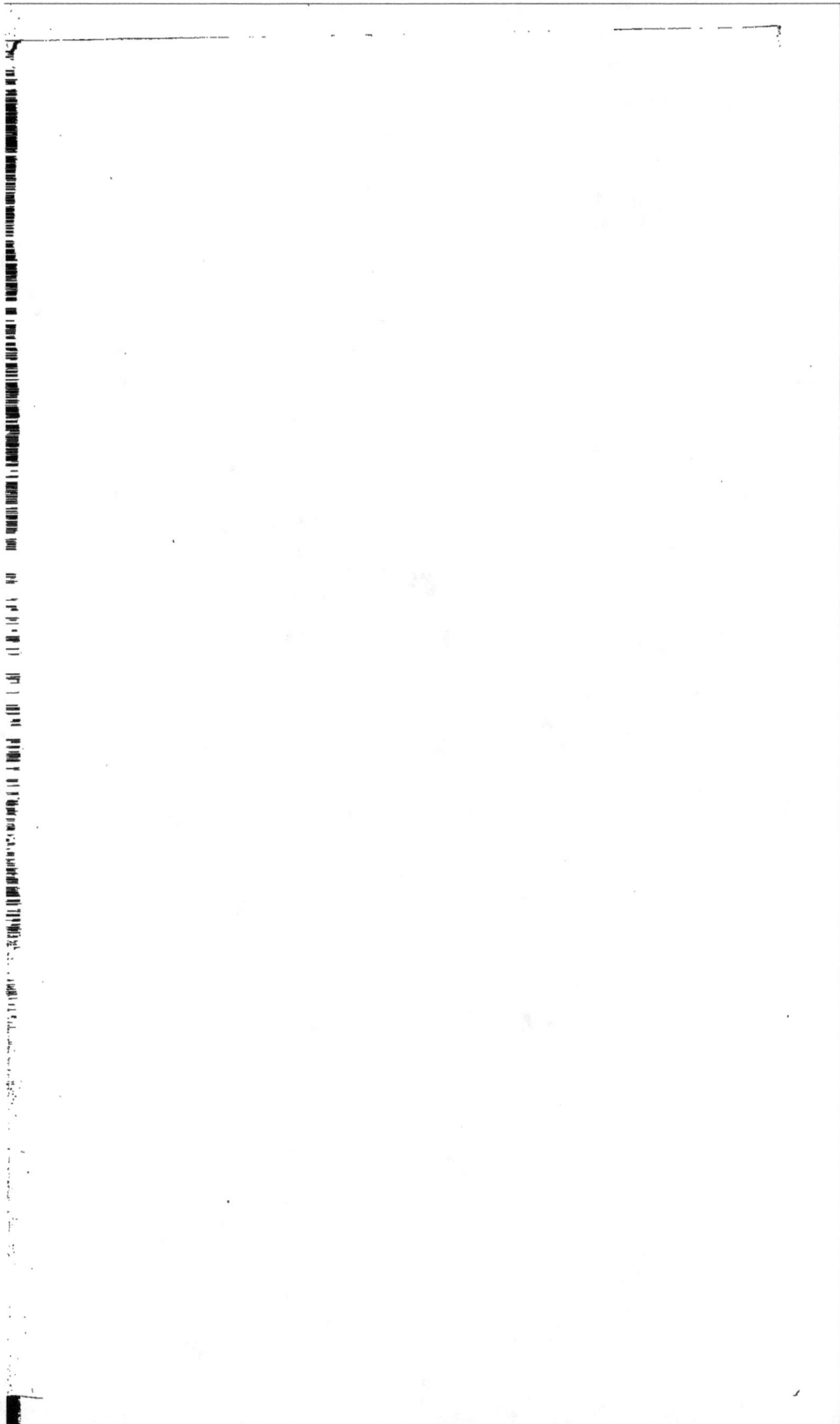

www.ingramcontent.com/pod-product-compliance
Lightning Source LLC
Chambersburg PA
CBHW052205270326
41931CB00011B/2231